マルセを生きる！

芸人マルセ太郎に魅入られた人たち

梨花
「マルセを生きる！」刊行委員会
編

クリエイツかもがわ
CREATES KAMOGAWA

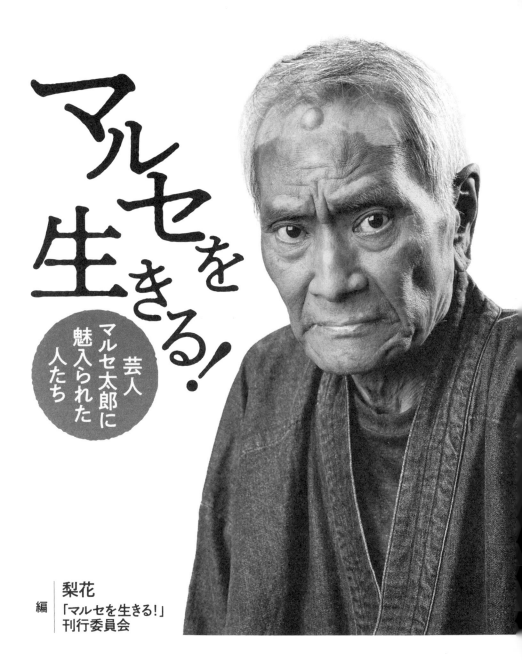

はじめに

長い時間がかかってしまった。

この本は当初二十年前に出されるはずだった。

芸人（そして自称ボードビリアン）マルセ太郎は、二〇〇一年一月二十二日にこの世を去った。

同年、生前マルセ太郎の独演会やマルセカンパニーの芝居を主催し、マルセ太郎ファンのことを「中毒患者」と命名した池田正彦（現・広島文学資料保全の会事務局長）の発案により、広島の「中毒患者」たちを中心に作業が進められたが、当時刊行には至らなかった。

神戸の「中毒患者」、中島淳（神戸芝居カーニバル実行委員会事務局長）は、マルセ太郎の命日近くに「文忌《もんき》」を主催している。二〇一五年からは、マルセの息子金竜介と娘梨花が招かれ、舞台映像の上映のあと、二人の話に続き、参加者との交流を持つ半日がかりの催しとなっている。「思考する芸人」マルセ太郎を受け継ぐ竜介は、弁護士としての差別問題への取り組みを報告し、梨花は、秘蔵映像を交えた語りで、その「笑い」に生きた人生と創作法を明らかにしている。

ある年の文忌で、竜介は客席に向かってこう言った。

「あのー、ちょっと聞きたいのですけど、皆さん何で（今日ここに）来てるんですか？」

一周忌というならまだしも、死んで何年もたつ芸人のために、何故わざわざ休みの日にこんな風に集まっているのか。

会場には生前の舞台を観た人もそうでない人もいて、単に懐かしむために集まっているのではなさそうだ。

もちろん生《なま》の舞台には及ばないが、映像を通してでも伝わるものが確実にあるということが毎回感じられる。

本書を企画した池田から打診され、寄稿者を何人か推薦し、長年気がかりだったということもあるが、集まった二十年前の原稿には、一般的に想像される芸人とファン、演じ手と客という関係を越えたものが強く感じられた。このまま日の目を見ないのは忍びなく……。

その思いを汲んだ中島が立ち上がり、池田からバトンを引き継ぎ、こうして形にすることが出来た。

今回の出版にあたっては、ほぼ全員と連絡が取れ、改めて快諾してもらった。

二十年前に寄せられた原稿にはなるべく手を入れず、そのまま掲載することにした。もし入れるとしても、書き手の思いを汲み取り、提案として伝え、目を通してもらっている。

各寄稿者の氏名、職業、居住地は、二〇〇二年当時のものを記載しているため、いまは異なる職業名や旧姓のままのものもある。あとに続く紹介文の文責は梨花にある。記載都合上、文章中の敬称は略してあるのでご了承いただきたい。

生前マルセ太郎を追いかけていた人へ、いまでも時折思い出す人、すっかり忘れてしまっていた人、はたまたマルセの死後、その存在を知り、生の舞台を見逃したと地団駄踏んだ人や、そしてまだマルセを知らぬ人にも。

道の途上にいる多くの人たちへ何か響くものがあればと願っている。

二〇二三年十一月

梨花

マルセ太郎のしごと

映画再現芸「スクリーンのない映画館」の代表作品

『泥の河』（宮本輝原作・小栗康平監督　一九八一年）
『生きる』（黒澤明監督　一九五二年）
『息子』（椎名誠原作『倉庫作業員』・山田洋次監督　一九九一年）
『ライムライト』（チャールズ・チャップリン主演・監督　一九五二年）
『天井桟敷の人々』（マルセル・カルネ監督　一九四五年）

立体講談の代表作品

『殺陣《たて》師《し》段平《だんぺい》物語』（長谷川幸延原作『殺陣師段平』より）
『中村秀十郎物語』（有吉佐和子原作『黒衣』より）
『桃川燕雄《えんゆう》物語』（安藤鶴夫原作『巷談　本牧亭』より）

フリートークの主な作品

『あの頃の浅草』『田中角栄物語』『ハイエナをなぜ嫌うのか』

マルセカンパニー喜劇全作品（内容と初演年）

『黄昏に踊る』（老人ホームに暮らす人びとのオムニバス　一九九三年）
『つるかめ荘は今日もワルツ』（老人ホームの仲間・競馬の予想屋引退記念レースに賭ける　一九九四年）
『枯れない人々』（離婚調停　一九九六年）
『真夏の夜の悲しみ』（ある芸人の通夜模様　一九九六年）※再演名『北の宿にハトが泣く』
『花咲く家の物語』（実在する知的障がい者グループホームをモデルにした話　一九九七年）
『役者の仕事』（大衆演劇一座の物語　一九九七年）
『イカイノ物語』（在日朝鮮人家族三世代の自伝的作品　一九九九年）
『春雷』（末期がんの友人と暮らす女性たちの一幕一場の座談劇　二〇〇〇年）

マルセ太郎関連書籍

『芸人魂』（マルセ太郎著　講談社　一九九一年）
『奇病の人』（マルセ太郎著　講談社　一九九八年）
『マルセ太郎　記憶は弱者にあり』（森正編著　明石書店　一九九九年）
『写真集「芸人マルセ太郎」』（角田武撮影・武居智子編　明石書店　二〇〇一年）
『まるまる一冊マルセ太郎』（マルセ太郎ほか著　早川書房　二〇〇一年）
『マルセ太郎読本―芸と魂・舞台裏・人間を語る』（『マルセ太郎読本』刊行委員会編　クリエイツかもがわ　二〇一〇年）

マルセ太郎公演主な劇場

『plan-B』　不遇時代を支えた。客がたった一人のときもあった。永六輔との邂逅《かいこう》の場。

一九八三年から三年間毎月一回出演

『渋谷ジァン・ジァン』　芸の飛躍が見られた。映画再現芸（二十作品）や立体講談を創作上演。動物談義やミステリー劇場、ひとりミュージカルなどにも挑戦。

一九八五年から二〇〇〇年定期的に出演

『シアターχ《カイ》』　最晩年の常打ち小屋。生前最後の舞台はここでの新春ライブ三日間四公演。秋にはマルセカンパニー新作の上演が予定されていた。

一九九九年から二〇〇一年

番外

『スナック人力車』　「マスター」と呼ばれカラオケをセットし、ときおり漫談も披露。生活のため夫婦で営んでいた店での人間観察が、のちの「真実を描けば自ずと笑いが生まれる」という独自の笑いの哲学を生む。店名は所属事務所「人力舎」に由来。

一九七七年から一九八九年

マルセを生きる！——芸人マルセ太郎に魅入られた人たち　目次

芸に惚れる　13

哲学に唸る　63

素顔に迫る　91

病と生きる

身体《からだ》で語る

芸に惚れる

中毒と芸人

池田正彦

「中毒」という言葉は「芸人」という言葉と同様、禁忌されている。

ある時、マルセ太郎公演を準備するにあたり、「会」の名称を「マルセ太郎○○実行委員会」というような安直なものを考えていたのだが、マルセ太郎の風貌と芸にどうにも折り合わない。

ズバリ「マルセ中毒の会」（決して「マルセ依存症の会」などとは考えませんでした）にしたいとマルセさんに手紙を書いた。それに対し、さっそく「私への尊称を喜び、芸人冥利を感じ入りました」という丁寧な返事。

かくて、広島は「マルセ中毒」発祥（症）の地の栄誉を獲得するのである。「会」といっても、会則も会費も会員登録も存在しない、いい加減な中身であり、おそらく全国の「中毒」を名乗る会も同様であったに違いない。

ところが『イカイノ物語』の上演の時、マスコミに取り上げてほしいとの思いで窓口を訪ねたが、「中毒」だけは勘弁してくれとのこと。結局のところ、妥協したわけではないが、広島での公演主催者名は「マルセ百人委員会」（マルセ中毒者だけでなく幅広く百人くらいの実行委員を構成したいとの思いを込めて）に落ち着いた。

マルセ太郎の芸にいち早く光を当てた故色川武大さんは『ばれてもともと』（文藝春秋）のなかで、「芸人」について次のように書いておられる。

「いったん卑しい者を自称してしまうと、市民道徳がそっくりヤボなものに変わって、自由が許される。

卑しい者を自称するのが嫌な人は、我慢して建前の生き方をすればよろしい」「芸人」という言葉は、マスコミでは長らく差別語とされ、いかにも胡散臭い「芸能人」に置き換えられていたが、このほどめでたく復活したと聞いた（共同通信社の『記者ハンドブック』第十版三刷で改定）。『芸人魂』を書き、芸能人ではなく「芸人」として生きたマルセさんが、この復活に大いに貢献したと思うのは私だけだろうか。

残念ながら「中毒」は、いまだ復活の見通しはない。ファンを「中毒」と言わしめる芸人もいない。

池田正彦（広島ミニコミセンター主宰・広島県）

広島「マルセ中毒の会」発起人。

マルセ太郎の公演に足を運んだあと、すぐに次を待ちわびるほどになる。なかには観客としてだけではおさまらず、自ら主催者となり、仲間を募ってチケットを売る。そうした人たちが、広島以外にも、全国あちこちに出現した。

マルセは芸人として、これほど嬉しいことはないと言っていた。

彼の「○○じゃけー」という広島弁の語尾をよく真似していたマルセは、その無骨な人柄を信頼し、大いに語り合うことを楽しんでいた。

※ここに掲載した文章は、彼が二〇〇一年に企画した本書の編集後記として書かれたものである。

進化していく芸に魅せられて

石口俊一

マルセさんの芸に〝感染〟したのは、一九八七年だったとの記憶なんですが、広島県民文化センターに永六輔さんと一緒に来られ、『泥の河』を演じられたときです。もちろん映画の『泥の河』は観ており、さらに朝日新聞（一九八六年六月十七日付）に宮本輝さんの「映画を演じる・その危険な芸」という評論が掲載されたのも一つの切っ掛けでした。

ぼくは、学生時代から年間百五十本ほど観る大の映画ファン。ともかくも「映画」という言葉に惹かれ、恋こがれていたものがやっと観られたのです。自分が今まで観た映画とは違う、もう一つの新しい映画が見えて来るということに大変驚きました。

「君が代」ショックは、一九九四年の広島での「憲法高座」の時です。集会のI部の講演をお願いしていたのですが、それまでの学者の方の記念講演とは趣が違い、来場の皆さんは正直いったい何が出てくるのか……?という感じでした。この講演の最後のオトシが「君が代」のネタでした（パリ解放ならぬ、東京解放の時に〝進軍〟してきた自衛隊?を迎える歌は……?）。

もちろん大ウケでしたが、今日《こんにち》のように笑いがひきつる時代になることを予《あらかじ》め予想していたのではないかとさえ思います。その凄さを、時間を経たいま改めて思い起こすのは、あの時、多くの人は「そんなことには恐らくならないけれど、面白い話ね」といったニュアンスで受け流していたような気がします。実際に「国旗・国歌法」なんかが出てくると、まさにリアリズムの世界になってきている。ああ、マルセさんが言っていた、という風に。

『生きる』と『息子』を三回ずつ、年度を違えて観てきましたが、マルセさんが映画に出てくる人物に投影されて、だんだん色濃くなる感じがしました。

『生きる』は、ご自身が病気になって、こちらも妙に構えるということもあるのでしょうが、映画の主人公・志村喬かマルセ太郎かというような感じになってきました。

同じように『息子』では三國連太郎の顔がダブってきて、最初の頃とはずいぶん色合いが変わってきました。特に亡くなられる前の二〇〇〇年十二月、広島での「中毒の会」最後の公演になった『息子』は特に良かった。『息子』を何度か観た友人も、「石口さん、今回は本当にすごく良かった、今回の『息子』は前回の『息子』ではなかった」という感想でした。

何が前の『息子』と違うのかと言われると困るのだけど、やはり違う。私も五十歳近くになると、主人公の息子の立場で観ていたものが、父親の見方に変わってきていることに気付きました。マルセさんも、当初息子に焦点を当てていたものが、次第に父親の三國連太郎の思いの視点に変化していき、同時に私の受け止め方も変わっていることとの相関関係があるのだろうと思います。

フィルムの映画だといつも同じだから、観る側からの変化でしかあり得ない。マルセさんの場合、ナマということもあり演じる側がどんどん変わり、その二重にシンクロしている部分がピタッと合う時、「ああ、すごい」ということになるんじゃないだろうか。シンクロすると共感する度合いが深くなる。それが、あの時の『息子』だったと思います。

「スクリーンのない映画館」でいろいろな作品を取り上げ、そこからさらにアンサンブルを組んで芝居を作っていって、九三年からがすごい。「エエッ、マルセさんが芝居をつくるの？　大丈夫？」というふうに、ぼくらの固定イメージがどんどん破られていく。いい意味で「裏切られ」、こりゃすごい世界を創っている！と。ためて、ためて、ためてきたものが一気に加速した感じでした。

老人ホームや家庭裁判所や旅役者を題材にした芝居は、残念ながら観ていないのですが、それらはそれなりにイメージできるような気がします。しかし、『花咲く家の物語』はモデルの人もいるし触発され書かれたわけで、マルセさんがある程度カバーできる世界とは異なっていた。

自分一人で演じるのと、たくさんの人たちと一緒にやるのとは、同じように演じても全く違う世界だと思います。それが出来てしまっている。いったいマルセさんはどんなふうに変わったのだろうか。どんどん進化していっているという思いでした。

マルセさんのは単なる社会批評とは違う。題材をみればわかるように、それは大切な人の問題であったり、家族のことであったり……。根底に、人がどんなに大事かというテーマがあり、そういうことが深く社会と繋がっているということをすくいとって見せてくれる。

社会的なことをキチッと論評として表現している雑誌の一つ、『週刊金曜日』について、「石口さん、あれを定期購読しているか、内容すべていいとは思わないけど、やっぱし、いまの時代、キチッと定期購読して支えるということが必要じゃないか」と言われたことがあります。そういう気持ちをずっと持ち続け、芯があって芸をやるから、声高に叫ばずとも、どこかでメッセージが出ていたんじゃないかと思うのです。

石口俊一（弁護士・広島県）

広島「マルセ中毒の会」代表。

きっかけは「映画」であったが、そのうちに著書やエッセイ、芝居……と、マルセの持つ引き出しの総てを見たいという思いに駆られていった。

憲法集会の講演にマルセを招いた際、送迎の車中で聴いた話のあれこれに引き込まれた。なかでも、家を失うかどうかという裁判の体験談が実に面白かったという。弁護士として当り前に行なっていることが、マルセにかかるとブラックユーモアになってしまう。

そして秘かに、『マルセ裁判物語』がレパートリーに加わらないかと願っていた。

※二〇〇二年六月、本書企画のための座談会が広島で行われた。ここに掲載した文章は、同座談会における石口の発言内容をまとめたものである。

マルセ遠近

二村文人

マルセ太郎が亡くなった後、富山公演で定宿にしていたホテルの前に立った。すぐ隣には、いつも会場になった安田生命ホールがある。「真酒亭」での打ち上げがお開きになると、よく自転車を押しながら、マルセさんを送ってここまで来た。握手をして、彼の姿が玄関の奥に消えるまで見送った。そんなことを思い出していると、たまらない喪失感に襲われた。

マルセさんの形態模写は、いつごろから見ているだろうか。牧伸二の「大正テレビ寄席」だったのか、東京ぼん太の「お茶の間寄席」だったのか、いずれにしても〝中毒患者〟の中ではかなり早い方ではないかと思う。

舞台以外で間近にマルセさんを見たのは、もう二十年ぐらい前になるだろうか、東京の国立劇場でマルセル・マルソーの公演があったときである。休憩時間にロビーで立ち話をしているのを見かけ、そばへ寄って聞き耳を立てた。マルソーも齢を取って、前回来日した時の方が良かったというようなことを言っていて、初めて見るマルソーのパントマイムに感激していた私は、なるほど、そういうものかと教えられた気がした。

マルセさんは、芝居も映画もよく観ていた。いつも観客の目を持ち続けたことが、彼の舞台を支えていたのだろう。東京・巣鴨の三百人劇場へテアトル・エコーの『正しい殺し方教えます』を観に行ったら、マルセさんもスタッフの内田直樹さんと一緒に来ていた。

富山の公演が回を重ねて、顔を覚えてもらっていたので、今度は私がロビーで立ち話をした。周囲の視線を感じて、ちょっと誇らしかった。舞台で演じる「スクリーンのない映画館」以外にも、ずいぶん映画の話を聞いた。『風の丘を越えて』と『パリ空港の人々』は、マルセさんに教わって上京した折に観た。朝鮮半島に伝わる民族芸能パンソリを題材にした『風の丘を越えて』は、決して洗練されてはいないけれども、いつまでも心に残る作品だった。マルセさんにもらった宝物の一つだと思っている。

自分の観た映画を、マルセさんだったらどう批評するだろうと想像するのが楽しかった。去年、岩波ホールで評判になった中国映画『山の郵便配達』を観せたかった。

富山公演を主催する村田千晴さんが会場の準備に忙しく、代わってマルセさんと食事をすることがあった。芸人さんと二人きりになり、ことにマルセ太郎の鋭い目でジッとにらまれる（ような気がする）と、こちらはつい委縮してしまうが、そんな時にはまたとないチャンスだと思って、映画や私の好きな昔の芝居の話を聞いた。立川談志が崇拝している、かつて日劇ミュージックホールで活躍したコメディアン泉和助のことを聞かせてもらったのは、最後の富山公演の時だったかもしれない。「和っちゃん先生」と呼んでいた。

談志と言えば、週刊誌に連載し、後に講談社から単行本になった『談志百選』にマルセさんが取り上げられている。談志は、映画再現芸について「辿り辿りて、曲がり曲がりてたどり着いたマルセ太郎の語る映画の世界は、元々彼の底にあったもの、一番演《や》りたかったもの、一番好きだったもの、それに突き当てたのだろう」と言う。

マルセさんからはいろいろなことを教わったが、その中で何よりも大きいのは、自分のやりたいもの、好きなものをやるという姿勢ではないかと思っている。

全国どこでもそうだろうが、「真酒亭」の打ち上げも静かに酒を酌み交わすというものではない。マルセさんと客が、時にはマルセさんをそっちのけで客同士が、議論になる。しまいには、酔った店主の村田さんまで割り込んで収拾がつかなくなる。マルセさんは、人の心を動かさずにおかない熱いものを持ち続けていたのだろう。

駅前のホテルを見上げながら、私の耳には打ち上げの喧騒が聞こえていた。

さまざまの事思ひ出す桜かな　芭蕉

富山の桜も今年は早くに散ってしまった。

二村文人（富山大学人文学部教授・富山県）

マルセ中毒患者には学者も少なくない。彼は日本の近世文学が専門で、落語についての著作もあり、歌舞伎や文楽にも造詣が深い。であるからこそ、誇張されたマルセの「文楽ネタ」などをおもしろがっていたのだろう。

渋谷ジァン・ジァンでの『段平』終演後、在日朝鮮人作家の梁石日《ヤンソギル》が楽屋を訪ねたときに、日本近代演劇の変遷を語って見せた自身の芸に関し、「チョソン（朝鮮人）なのに、わし、よう知っとるやろ」と変な自慢をしていたマルセだが、日本人ではないからこそ見える因習の指摘に、はっとすることもあったに違いない。

また、「松尾芭蕉、井原西鶴、近松門左衛門という元禄期を代表する三人の作家が、いずれも晩年に近くなって新しい世界を開拓しているのは興味深く、そして、むしろその時期に残した作品が、現代ではより高い評価を受けていることを思うと、私たちも大いに元気づけられる気がします」と、ある講演会で語った彼だから、晩年に花開いたマルセ太郎に同じような思いを重ねていたとしても不思議はない。

本物の芸人・本物の新劇人

土屋時子

役者の表情は喜怒哀楽の四種類だけでなく、何種類も、いやもっと無限に要求されているという。つまり、一人の人間の多様な表情×演じる人間の数（つまり無限）ということなのだろう。

自分だけで勝手に決めているだけだが、私にとっての役者の師匠マルセさんは、実に豊かな表情を持った役者であるのに、ある時期、二種類の表情《かお》のイメージで決められてしまったのではないかと思う。怒っているか、何とも情けない顔をしているかなのである。その証拠に、本の表紙やチラシの顔は、大抵あの怒りに満ちあふれた面構えか、眉間にしわをいっぱい寄せた顔なのだ。よしんば、笑っていても「眼」は鋭く光っている。

猿を演じる時の猿顔もこのパターンである。晩年は「夕日に向かって涙する猿を演じたい」と言っておられたらしいが、マルセさんに涙は似合わないのかもしれない。

でも私は、一度だけマルセさんの涙を見たことがある。お母さんが亡くなられた夜、広島のとある居酒屋で「ヨイトマケ」をぼそぼそ唄いながら、瞬間マルセ太郎が涙した。厳つい顔が少年時代の顔になっていた。ともあれ『息子』の舞台では、あの目があの口元があの声が瞬間、「和久井映見」になってしまうのだから、本当に不思議なことである。

役者は舞台の上の立ち姿に、人間としての思想が現れる——とも言われる。マルセ太郎が真っ直ぐに立つ時は、足が舞台に吸い付いているように微動だにしない（そう言えばマルセさんは偏平足だった！）が、飛び跳ねる時は、まるで天女のように軽く美しく自在である。娘の梨花ちゃんが広島での追悼会で「父は頑固で堅物のようですが、人柄はとても柔軟で、晩年は特にそうでした」と話された。マルセ太郎の思想、人間性は決して安易な妥協を許さない。いろいろな意味において絶対に「ぶれない」という風な立ち姿で立つ。でも、何ものにもとらわれない精神だから、あんなにも軽やかに動いていられるのだろう。

広島での最後の舞台は『息子』であった。二〇〇〇年十二月十三日——この演目では全国でも最後の舞台となった。私は観客席後部の真ん中に立って、初めて正面から舞台を観たが、マルセさんの立ち姿をあれほど「美しい」と感じたことはなかった。その姿は今も目の中にしっかり残っている。私もいつかは、マルセ太郎のような「立ち姿」で舞台に立ちたいと思う。

六年くらい前（一九九六年）に一人芝居をやっている時、舞台の上での「目線」について尋ねたことがあった。その時は何も言ってくれなかった。大分たって広島に来られた時、舞台の上に手招きされたので、のこのこ上がっていくと、「目線はなぁ、あの入り口の非常灯の少し上辺り、できるだけ遠くへな。」と一言だけつぶやいてくださった。いま思えば貴重な一言となった。

青年マルセ太郎は、新劇俳優を志したが、劇団研究生試験をすべて落っこちたという。一時は絶望したが、それが幸いしてか独自の俳優修行をし、「比類なき芸人、比類なき名優」となった。

私は芝居人間の一人として、いつも疑問に思っていることがある。新劇、新劇俳優って一体何かということである。新劇と呼ばれている劇団が、実は古くさい権威主義そのものであることが多いのだ。その劇団員がそうだから、システム、劇そのものが新しい装いはしていても、本質は前近代的ということばかりなのだ。例えば演出家が「親分」であとは皆「子分」というような——そんな劇団や組織を見てきて何度も失望したものだ。

だが「マルセ劇団」（私は勝手にそう呼んでいる）は、期待どおり本当に新しい劇を見せてくれた。作品は勿論、芝居づくりそのものが知的で新しいのだ。舞台装置などは金がかけられないから張りぼてで野暮ったい（失礼！）が、舞台が終わって帰るお客さんの顔はみんな本当にいい顔をしていた。広島のマルセ中毒たちが手がけた芝居は『花咲く家の物語』『イカイノ物語』の二つしかないが、この二つの公演の楽屋を手伝わせてもらい、「新劇とは何か？」について、少し本質がわかった気がした。楽屋裏で役者もスタッフもみんな誰も威張らない、みんなが自由に働いている、その動きが実に気持ちいい。以前、有名な某劇団の裏方を手伝った時は、有名な役者が偉そうにしていた。台本にすら番号があり、ランクづけが決まっているそうだ。そんな劇団がいくら革新的な芝居をやったところで先が見えている。

従来の芸能の世界は、わかりやすくいえば「親分・子分の世界」であるかもしれない。が、マルセさんの新しいところは、芸人でありながら「親分・子分の世界」からもっとも遠い存在だったことである。子分は一人もいないが「中毒患者」は全国に数え切れないほどいる！

一人の芸人としても、新劇人としても、いかなる権威にもよりかからない「マルセ太郎」の新しさこそ本物であるし、本物の権威者である。

土屋時子（舞台俳優・大学図書館司書・広島県）

「おときさん」と周囲が彼女を呼ぶようにマルセも親しみを込めてそう呼んでいた。

決して興行で儲けているわけではなく、生のステージを地方都市広島でもという熱い思いで企画主催している実行委員たち。そんな彼らをマルセが裏切らないのは、舞台はもちろんのことステージをおりてからのサービス精神にも伺えると彼女は言う。自分の仕事はステージで歌うことや演じることと線引きし、打ち上げの席には顔を出さない、もしくは乾杯だけで退席してしまう出演者が多いなか、マルセが病を経てもなお二次会、三次会と付き合ってくれたことに感謝していると口にする。

もっとも、サービス精神で無理してそう努めていたのではなく、全身芸人、全身マルセ太郎であるがゆえなのであって、マルセ本人も大いに楽しんでいた。

そしてまた、人前で泣いたことがないマルセが、一瞬涙を見せたくらい心許す場がそこにはあり、年下ながら、おっかさん的な雰囲気のある「おときさん」だからこそ、その瞬間を見逃さず、記憶に留めて置くことができたのだろう。

富山とマルセさん

村田千晴

友達の友達は友達作戦

「マルセ太郎が『泥の河』をやっちゃうんだよ」という、店のなじみ客のこの一言が事の始まりだった。マルセ太郎という芸人は、テレビで一度だけ見たことがあり、形態模写のすごさが私の頭に刷り込まれていた。猿以上に猿らしい芸をすぐに思い出した。「映画を再現するだって？　それはきっとすごい芸に違いない」と、すぐに確信した。ぜひ見たいと思った。

金沢公演の世話人の一人だった知人の助けもあり、数日後、富山公演を決定した。会場を富山市民プラザ・マルチスタジオと決め、あとは観客の確保だ。しかし、富山では決して有名とはいえない芸人の、見たこともない芸に、百五十人の席は埋まるのだろうか。不安はあったが、思い入れと勝手な確信とが事をすすめた。

十人が十人ずつ集めれば百十人になる。あと四十人くらいは口コミで広がるだろう。名付けて「友達の友達は友達作戦」。反応は思った以上だった。協力者は二十人程になり、新聞やラジオの効果もあった。

一九九三年四月十九日公演当日、百五十のいす席はすぐに埋まり、前のゴザ席も満員。立ち見もぎっしり。あふれるくらいだった。

第一部はマイム芸など、鋭い観察と分析に基づく表現で、観客全員の心をつかんでしまった。第二部『泥の河』。映画をよく理解した語りと的確な演技。体、声、感情、知性、それらを動員しての芸だ。映画のシーンが目の前に浮かぶ。まるで田村高廣がそこにいて話しているようだ。観客すべてが、舞台のマルセ太郎に集中していた。そしてラストシーンの暗転直後、観客全員一斉の大拍手。

入場者は二百五十人を超えていた。多くの人たちの協力の結果の成功だった。

その後、会場を富山駅前の安田生命ホールに移して、『息子』『生きる』『ライムライト』など、富山公演は九回に及んだ。

一九九七年四月十三日、マルセ太郎喜劇代表作の一つ『花咲く家の物語』富山公演。会場は富山県教育文化会館。七百七十席の会場をうめなければならない。この時も「友達の友達は友達作戦」を遂行した。「みゃあらく座の会員二十人が一人二十枚のチケットを売れば、それだけで四百だ」。これは、地元のマスコミ対応など事前準備のためにマルセさんが来訪された折、私が言ったことだが、マルセさんはそれを覚えていて『奇病の人』に書き遺してくれた。

この時は、地元の演劇鑑賞団体や福祉関係の方々が協力してくれ、予想以上の広がりとなり、みゃあらく座の会員の頑張りとあいまって、「友達の友達は友達作戦」は大成功だった。

終演後、会場ロビーで観客を見送るために待っていたのだが、観客はなかなか出てこない。皆マルセ喜劇の感動の余韻にひたっていたのだ。アンケートにも、感動と共感の文言が熱く書かれていた。主催者冥利に尽きる公演だった。

富山の自慢

一九九八年八月一日『イカイノ物語』富山公演。この時は、多少の不安があった。『花咲く家の物語』で公演を受け入れた金沢や福井が名乗りを上げていない。それどころか、地方小都市での上演は富山だけだった。わずか三十五万人程の富山市には荷が重すぎるのではと思ったが、マルセ太郎入魂の喜劇を断念するのは一生の悔いとなるに違いないと、心をひきしめた。

もちろん「友達の友達は友達作戦」を展開し、演劇鑑賞協会の協力も得たのだが、『イカイノ物語』が「在日」作品にありがちな、重くてつらい設定だろうという固定観念を、なかなか打破できないもどかしさを感じていた。当の私自身が、この芝居を見ていないし、脚本も知らない。富山での活動がスタートしたのは東京での初演さえしていない頃なのだから当然だ。『花咲く家の物語』のときとは違って、手ごたえを感じられないまま日数が過ぎていった。

富山での公演は東京での六日間の公演の後、十日程のマルセさんの入院を経て最初の地方公演だった。とにかく時間がなかった。東京での初演を私自身が観て、それを富山の人びとに伝える以外に有効な手だてはなかった。仲間とともに東京芸術劇場小ホールへ出向いた。

『イカイノ物語』はまさしく、マルセ太郎入魂の喜劇だった。この感動を富山へ帰る列車の中で一気に書きあげ、翌日『北日本新聞』の読者コーナーに投書した。それが掲載されたのは七月二十五日、公演まで一週間だった。この投書が効いた。富山公演成功の手ごたえを、ようやく感ずることができた。

公演当日、富山空港に降り立ったマルセさんは体調が悪く、会場楽屋の畳の小部屋で横になっていた。この日は富山市の花火大会が会場近くの神通川であるため、花火の開始時間までに芝居を終わらせなくてはならず、午後五時というかなり早い開演時間となっていたので、マルセさんの体を気にしながらも準備に追われていた。

富山公演の成功は、帰途につく観客の目が皆、ほのかに赤くうるんでいたことが物語っていた。キャストの着がえが済んで、会場を出たその時、花火大会が始まった。夏の夜空に咲いた大輪の花火は、『イカイノ物語』富山公演の成功を祝福してくれているように思えた。

『花咲く家の物語』『イカイノ物語』、このマルセ喜劇の代表作を二つとも公演したのは、大都市以外の地方都市では富山だけだ。これは、富山の、そして私の、ひそかな自慢なのだ。

心残りの数々

初めてのマルセ太郎・富山公演の夜、私の店で交流会を行ったのだが、この時私は、店のオリジナルの日本酒「みゃあらくもん」をマルセさんに飲んでもらい、マルセさんを日本酒ファンにしてしまおうともくろんでいた。「マルセさん、これがうちの店の自慢の……」と言って酒をすすめようとした時、「あっ、ボク水割り」とマルセさん。その夜マルセさんのかたわらには、オールドパーのボトルが居座ってしまった。この次は絶対に飲んでもらおうと思っていたら、癌のためにマルセさんは酒を飲めなくなってしまった。せめて一口だけでも飲んでもらいたかった。残念。

私は『黄昏に踊る』以来、マルセさんの喜劇は毎回東京へ出向いて見ていたので、マルセ喜劇を最も見ている富山県人なのだが、パーフェクトではない。唯一見のがしたものがある。『北の宿にハトが泣く』だ。何の都合だったのか、このときだけは東京へ行くことができなかった。かえすがえすも残念。

富山での映画再現芸はかなりの数を公演したが、『ゴッドファーザー』『天井桟敷の人々』は遂に見ることができなかった。マルセさんからの最後の年賀状には「しぶとく今年も」と書かれてあり、前後して届いた六月までの予定表には『天井桟敷の人々』が記されていた。すぐに富山公演を申し込んでおいたのだが、その直後にマルセさんは逝ってしまったので実現できなかった。残念。

哲猿マルセ太郎

二〇〇一年五月十日、奥さんと梨花さんを迎え、「お別れ会」を安田生命ホールで催した。かつてマルセさんが立ったその舞台に梨花さんが立ち、しっかりと、私たちに、父マルセ太郎を語ってくれた。「受け継いでいる!」。そう思ったのは私だけではなかったと思う。

会場入り口に飾られた遺影は、最後となった公演のチラシ用に撮られたもので、マルセさんの思慮深い知的な雰囲気がよく表れていた。マルセさん本人も「哲学者みたいだ」と気に入っておられたという。

そうです。マルセさん、あなたは哲学者そのものでした。哲学する猿を私たちに観せてくれました。あなたは哲猿です。哲猿マルセ太郎です。私は、あなたの忌日名を勝手に「哲猿忌」と呼んでいます。一月二十二日を忘れません。

富山での感動の数々、ありがとうございました。

私は、文中にある北日本新聞（一九九九年七月二十五日・「読者コーナー」）へ以下のように書いた。

マルセ太郎喜劇の感動　富山市　村田千晴

永六輔氏激賞のマルセ太郎喜劇「イカイノ物語」東京公演を見てきた。芝居はマルセ太郎の自伝的作品なのだが、「在日」作品にありがちな重くつらい設定ではない。優れた普遍のホームドラマだ。開幕すぐに韓国式法事の場面で笑わせてくれる。進行とともに、笑って笑って、気がつくと涙がこぼれている。喜劇なのに！この涙は共感から来る感動の涙だ。芝居のテーマ、家族愛・人間愛に、観客の心がゆさぶられるのだ。圧巻は、ボケ老人となったお母さんの「アリラン」の熱唱。魂にひびく澄んだ歌声に、ドッと涙の堰が切れた。

最後は全員によるミュージカル。「家族っていいな」と率直に感じさせてくれる。終演後、茶髪の娘さんたちが目を赤くして見つめ合いながら笑っていた。世代や民族をも超えて共感し、感動できるすばらしい喜劇の余韻だった。

この芝居を八月一日に、大都市以外では唯一富山の教育文化会館で上演する。マルセ太郎入魂の喜劇「イカイノ物語」を、多くの人に見てもらいたい。感動を得てほしい。

東京公演の直後、今、マルセは再発した肝臓がんの手術入院中だ。月末に退院しすぐに富山公演という。正に命を懸けての作品なのだ。優れた喜劇は、見る人を清く澄んだ心にしてくれる。笑いとともに受ける感動の力だ。

村田千晴（居酒屋経営・みやあらく座主宰・富山県）

肝臓がんで逝ったマルセ太郎。その風貌からも相当の呑兵衛《のんべえ》であったろうと想像するかもしれない。が、実際は少し違う。酒好きではあったが、酒場の雰囲気が好き、酒を飲んで人と交わるのが好きという類で、酒そのものに愛着はなかった。日本酒やワインについて他人《ひと》に語るだけの知識は持ち合わせていなかったし、量についてもコップ一杯で客（スナックのマスター時代）と付き合えたぐらいだ。

彼の経営する居酒屋真酒亭《まさけてい》は富山駅近くにあり、日本酒好きな人ならたまらなくなるほどの銘酒が取り揃えられ、季節風土にあった肴《さかな》も評判の、地元ではちょっと知られた店だ。

マルセカンパニー公演打ち上げの席。ふるまい酒を美味しく味わう俳優やスタッフらの横で、ウーロン茶を片手に談笑するマルセ。飲めない本人より飲ませたかった彼の心情は如何に……。

北陸の花束娘（？）から

村田由美

覚えていらっしゃるでしょうか。北陸の富山で、いつもいそいそと舞台の下まで行き、花束を差し上げた者です。会場へ出かける前、富山駅前の小さな花屋さんで花束を作ってもらいウキウキと出かけたのも、今はもう遠い思い出となってしまいました。その花屋さんの前を通るたび、私は「マルセ太郎さんの舞台」を思い出します。そして本当に寂しく、とても悲しく、実に悔しいです。

一度、あなたは、旅先から絵葉書をくださいました。例えが可笑しくて笑われそうですが、天にも昇るほど嬉しかったです。簡単なメッセージと名前と住所を書き、そっと花束に入れたのを、しっかりと見ていてくださったのですね。私が書いた初めてのファンレターでした。本当にありがとうございました。忙しいのに気を使ってくださったのですね。その後はお花だけにいたしました。

私があなたの舞台を初めて観たのは、富山駅前の安田生命ホールでの『泥の河』です。吃驚《びっくり》しました。感動しました。こんな芸人さんがいらっしゃることを知り嬉しくなりました。どうして今まで知らなかったのだろうと損をしていたような気にもなりました。

マルセ太郎さん。あなたの「きっちゃん」は最高でした。映画も好きで二度観たのですが、あなたの「きっちゃん」は純粋で、どこか悲しくて、私の心をとらえてしまいました。

その後もずっと見せていただきました。私たちは、富山まで来ていただけることがどんなに嬉しかったことか……。一度、東京での舞台を観に出かけました。確か『春雷』だったと思います。そして、楽屋でほんの短い時間でしたが、お話しすることができたのです。舞台を終えた後のあなたは少しお疲れの様子でした。それでも、遠くからよく来たとねぎらってくださり、あなたの優しさを感じました。

『芸人マルセ太郎』という写真集をよく開きます。見るたび思うことがあるのです。私なんてきっと、あなたが言いたかったことの万分の一もわかっていないのだろうなあ……と。あなたが逝ってしまわれてから、富山でお嬢さん（梨花さん）のお話を聞く機会があり、ビデオで韓国公演の様子も見せていただきました。

「あんたには分かるまい」とそんなふうに言われているような気がいたしました。

マルセ太郎さん。やっぱり、もっと生きていて欲しかったです。

名言「記憶は弱者にあり」を、直《じか》にとくと聞かせてほしかったです。

あなたのご命日には、あの花屋さんで花を買います。

村田由美（元中学校教員・富山県）

役所や企業から依頼された仕事ではなく、各会場に足を運んでくれる客の入場料で飯を喰っているのだという誇りが晩年のマルセ太郎にはあった。

「スクリーンのない映画館」という独自の芸を切り開き、最初は永六輔とのジョイントで、後《のち》に一人で全国津々浦々、出前劇場を敢行した。はじめての土地から毎年訪れる場所まで旅興行を続けながら、「みな待っていてくれているんだよ」と〝待たれる幸福〟を噛みしめていた。

トリオでのコントやピン芸でキャバレー廻りの地方巡業をしていたころには、花束をもらうなどという経験はしたことがなかった。

彼女から贈られる花束からも、その幸福を味わっていたことだろう。

庭の栗の木の下で

蓑輪勝

アートキャンプ白州が始まると、マルセさんがこの地にやってくるのを皆待ちわびていた。マルセさんは舞台が終わると僕の剣道場にも足を運んでくれた。僕も東京でマルセさんの公演を観たあと楽屋を訪ねることが楽しみだった。マルセさんとのお付き合いは居合抜きのような一瞬であったが思い出深い時間となった。

四年前（一九九八年）のことだったと思うが、『殺陣師段平物語』の鬼気迫る舞台が終わった翌朝、僕の道場を訪ねてくれた。マルセさんは庭の栗の木の下に座った。そして余韻今だ覚めぬといった所だろうか、昨夜の舞台の続きを始めた。中風に倒れ半身不随の「段平」と「忠治」の話は、聞いたばかりだというのに新鮮に耳に入ってくる。再び感動し、笑ったり、泣いたり、何か得したような気分にひたらせてもらった。

話しついでに、あの国定忠治に背負われた坊やのことを聞いてみた。マルセさんはちょっと間を置いて、『なくなよしよしねんねしな』の坊やはね、一説によると、忠治が磔《はりつけ》になったのち女手一つで育てられたんだが、尊皇攘夷の運動に加わって、間もなく幕軍に捕らわれて斬首された。哀れな話だね」。

元気なマルセさんを目の前にして「本当にガンなんだろうか」と疑ってしまう程だった。「全快するに違いない」と僕自身に言いきかせて、マルセさんを見送ったのはついこの間のように思える。

マルセさんは僕に「剣術を習いたい、時代劇をやってみたい」と話したことがあった。しかし、実現することはなかった。僕はそのことが残念でならない。

田中泯さんの出演に伴うものだが、今年、山田洋次監督の初時代劇『たそがれ清兵衛』の剣術指導に加わることになった。殺陣と剣術のはざまに立たされた僕は正直な所まよっていた。そんな折り、「殺陣はリアリズムだよ、うそを本当にしてしまうんだ、約束の中に真剣な斬り合いを感じさせる激しさがなければ殺陣は本物にならない」というマルセさんの言葉を思い出し、勇気づけられた。もしマルセさんがいてくれたら、と思ってしまう。山田監督、マルセさん、田中泯さん、そして末席の僕とで時代劇を語り、スクリーンのない映画でなく銀幕のマルセ太郎・初時代劇なんてことになったかもしれないと、『芸人マルセ太郎』の写真集を見ながら勝手に想像を膨らませている。

わずかだったがマルセさんとの贅沢な時間を大事にして行こうと強く思うのである。

蓑輪勝（正心館道場館長・山梨県）

永六輔が「マルセさんはよく誤解されるけど（他人のことを）誤解もする人だ」と言っていたのはその通りで、彼との出会いもそうだった。

ダンサー・田中泯の呼びかけのもとに始まった『白州・夏・フェスティバル』（『アートキャンプ白州』の前身）に、マルセが初めて出演したのは一九九一年のこと。宿泊場所が、剣道場に併設された一室だと聞き、剣道家＝右翼という思い込みがあるマルセは正直気が乗らなかった。しかし実際は、玄関をあけると『赤旗』が目に入り、彼の穏やかな笑顔に迎えられ、すぐに意気投合。以来、毎年夏に蓑輪一家と会うのを楽しみにしていた。

マルセの一周忌が過ぎたころ、生前縁《ゆかり》のあった人を招いての対談＋公演ビデオ上映会を月に一度行い、彼にも登場してもらったことがある。

「剣道では、〝守破離〟といって、師から教えを乞い、それを守って身に付ける段階から、その学んだことを破って自分の道を探り、そしてそのどちらからも離れた境地に達することを目指すのですが、誰でも〝守〟の段階までは行ける。私なんかも長年続けていく中で、どうにか、〝守破〟までは来たと思いますが、〝離〟となると……これはなかなか凡人には達せない域です。マルセさんの白州での『段平』は、まさしく芸道の〝離〟であったと思います。分野こそ違いますが、己の芸をそこまで極めて行くことができたという点でも大変尊敬しています」との言葉が強く印象に残っている。

マルセさんとの四ヶ月

小川弥生

「この方の下で勉強したいなあ」

『春雷』を見たとき、思いました。

次に『息子』を見て決意しました。何はどうあれ後悔するよりはまし。断られたらまた考える。私はご自宅を訪ね、一生懸命マルセさんの下で勉強したい気持ちを伝えました。そしてアドバイスをもらいました。

●近くの図書館で気に入った本を読み続けること。
●やりたいことをもっと明確にすること。
●道を歩いていて、自分はいつも何をどう見ているのかを知ること。
●『芸人魂』の何がおもしろかったのか？
●女の人は自分を笑うことができない人が多いけど、君はどうですか？

そして、「少しずつ仲良くなっていきましょう」と言われました。
これがマルセさんとの出合いでした。

初めて『息子』を見たときの感動は今でも映像として心に蘇ります。おもしろく、そして見ている間、幸せでした。見終わってからも興奮がやまず、たくさん笑って時々泣きました。「語りって、こんなにおもしろいんだ」。よく考えたら違っていました。「こんなに面白い語りをする人はめったにいないんだ」と。お供をするようになって見た作品は『泥の河』『中村秀十郎物語』『殺陣師段平物語』『ライムライト』。マルセさんの表現にはすべて「記憶は弱者にあり」が根底に流れていました。
十二月五日（二〇〇〇年）、弁護士の方たちとヤコブ病患者を家族に持つ方たち主催の集会に、マルセさんがゲストとして出演された時、どのような話をされるのか私は興味津々でした。結果は、指笛の嵐と拍手喝采。人の死活問題にまで訴えかける表現が心に響きました。マルセさんだからこのような場に選ばれるんだと今までの作品を振り返り感じました。

マルセさんのお供をするとき、私は夢心地でした。もちろん緊張もしていましたが、いつもマルセさんの鞄を持って後ろについていき、いろいろなお話を聞けるのがとても楽しみでした。

ある日、「君がおばあちゃんになったら世田谷のおば様のようになるんじゃないか」と言われました。『芸人魂』に出てくる世田谷のおば様は私も大好きだったので本当にうれしく思いました。

よく煙草も買いに行きました。ラークスペシャルマイルド。

一人語りの本番ではマルセさんを見送ってから客席に向かい、席が空いていれば座って見て、終了する寸前に楽屋に戻りお迎えをしていました。感動して泣きながらお迎えするときもありました。「どうだった？」と聞かれて「素晴らしかったです、素晴らしかったです」としか言えないこともありました。

楽屋の中で立っていると、よく「座りなさい」と言ってくださいました。

三月十三日（二〇〇一年）のお別れ会でも私は楽屋担当でした。いつもいるはずのマルセさんがいないのでとても悲しかったです。「座りなさい」と言ってくれるマルセさんはいません。それでもマルセさんの衣装、帽子、補聴器、煙草、化粧道具があったので、しゃんとしていようと心に誓いました。そんな中、いつもより多めのお客様たちが楽屋へ見えました。

帽子を手に取り、「これ、かぶってもいいですか？」と初老の男性。私が応えると、「僕、マルセの高校時代の同級生です」。

女子高校生のお客様。しかも四、五人で。楽屋にあったマルセさんへの「寄せ書き集」に記入していきました。

補聴器を見て、マルセさんが使っていたことを初めて知った方。

マルセさんのたばこで一服された方。

「あなたはマルセさんのお弟子さんですか?」と尋ねられたお客様。「ここに来たらあなたに会えるかなと思って来ました。私はマルセさんが入院していた岡山の病院で最後に見舞った者ですけれど、マルセさんからあなたのことをたくさんうかがいましたよ」とおっしゃいました。私は我慢していた涙があふれて、あふれて止まりませんでした。

マルセさんは生前、「読みたい本が決まったら朗読の稽古をしよう」と言ってくださいました。それから「次は純愛ものの作品を書くかもしれない、弥生さんを主役にして」と言われたこともありました。その台本を見てみたかったです。

私がお供できたこの四ヶ月間の奇跡を一生の宝物として、いつの日か自分の表現にできることを願って。

小川弥生（舞台俳優・マルセ太郎弟子・東京都）
弟子をとらない主義のマルセが（同じ事務所の千葉真弓改めマルセまゆみは例外）、最晩年、押しかけ弟子を受け入れたのはなぜだろう。その疑問を尋ねる間もなく逝ってしまった。
はじまりはこんな感じだったという。アンケートへの返事をハガキで受けとった彼女は、その差し出し住所を頼りにマルセの自宅まで来たものの、ドアをたたく勇気が出ず、近所をうろうろ歩きまわったあとで意を決しベルを鳴らした。初めての訪問にしては遅い時間、夜八時をまわっていたようだが、不審がらずにあたたかい声で中へ招き入れたマルセの妻、良子のおかげで緊張は徐々にほぐれていった。

養成所を卒業したあと小劇場演劇の劇団に所属し、ワークショップなどに参加しながら舞台を踏んでいた彼女にとって、それまでに見てきた芝居はジェットコースターのようなわくわく感があるものの、一過性の作品《もの》ばかりで物足りなかった。それに比べ、マルセ喜劇や語り芸は、幕が閉じたあともじわじわと思い出されては感動に身を震わせることができた。

マルセカンパニーの公演は、二〇〇一年春に予定されていた『イカイノ物語』再演のあと、秋に新作のスケジュールが組まれていた。

中国映画『初恋のきた道』に触発されて、「今度は純愛喜劇を描こうかと思っている」とマルセは言っていた。

また、「このごろ『ライムライト』が評判いいんだよ。若い頃は、老いらくの恋なんて実在しないもの、フィクションの世界に過ぎないと思っていたが、歳を取ってカルベーロの気持ちがわかってきたからだろうか」とも。

全国各地の公演先で、若い女性たちが、われこそはマルセ太郎のテリーだと口々に言い始めてもいた。

もう少し長生きしていたら、彼女を主役にしてのマルセ版純愛喜劇が上演されていたことだろう。いまさらながらに悔やまれる。

神々しき『泥の河』

渡辺英明

出会い　寄席「若竹」

マルセ太郎の芸と出会ったときの衝撃は、今でもハッキリと覚えている。一九八七年ごろだろうか。私は東京の大学に通う学生だった。場所は、地下鉄東西線東陽町駅下車の寄席「若竹」。当時、三遊亭円楽師匠が建てた寄席として話題になっていた場所だが、今はもうないと聞く。後にマルセさんに訊ねたところ、「定期的に出た覚えはない」とのことで、してみれば、定席ではなく特別な会のゲストで呼ばれていたのだと思う。誰を目当てに足を運んだのか今となっては定かではないが、一つだけ言えることは、その日観たすべての芸人が雲散霧消してしまったほど、初めて触れたマルセ太郎の芸に圧倒されてしまったことである。

メクリが「マルセ太郎」と変わり、前座が座布団を片付ける。舞台には一脚の椅子が置かれ、袖からマルセさんが登場する。無言のままゆっくりと客席を睥睨《へいげい》し、絶妙のタイミングで「えェー、マルセ……太郎です！」。何という「間」の素晴らしさ！　続けて「僕が舞台に出ると、場内の空気が一変する！」。そう言い放ち、客席に向かって身を乗り出すようにして「僕は……お笑い芸人にしては顔が厳しすぎる！」。ここで爆笑が起きた。私も笑った。

決して滑らかではない、むしろ不器用とすら感じさせる語り口は、今となって思えば、マルセ太郎の人間性が醸し出した力強さと、数多の経験と思考に裏打ちされた説得力、そして相手に語りかけるための優しさに満ち溢れていたのだと思う。「何と素晴らしい芸人がいるのだろう！」という感動、そして、その芸に出会えた喜びに、胸がいっぱいになった。そして、おなじみの動物の形態模写、踊りによる文化論などを演じてくれたが、後はどうでもよかった。ただマルセ太郎を見つめていた。

楽屋を訪ねようと思った。感動を伝えたいと思った。しかし、若き私はそこまでの度胸はなく、鮮烈に「マルセ太郎」という芸人を記憶したに止《とど》まった。

その後、何度か渋谷のジァン・ジァンに足を運んだ。「スクリーンのない映画館」を見た。しかし、マルセさんに思いを伝える機会を得ぬまま、就職のため東京を離れ、故郷の仙台に戻った。

再会 「半分ずつ」食べたお弁当

人の力ではない何かが引きつける「縁」があるとするなら、それは私にとってマルセさんとの再会であった。私の親友が、仙台の「林香院」という、全国でも名のある曹洞宗の寺の息子で、いつものように酒を呑んでいた時、マルセさんの話題になった。曰く「奉納のためにマルセさんによく来てもらっていて、来月、仙台と塩釜（近郊の都市）で会をやる」とのこと。

驚いたの何の。「知っているか」という問いに、「知っているも知らないもない。学生時代にほれまくった芸人だ」と応じたことを思い出す。

七年ぶりの再会であった。すぐに住職に話をしてもらい、今度は図々しくも「仙台—塩釜間の送迎車の運転手」をさせてもらうことにした。

仙台では『生きる』を演じた。楽屋に挨拶に伺い、初めて素顔のマルセさんを見て驚いた。舞台の迫力から「大男」に見え、百八十センチはあるだろうと思い込んでいた。存在感が、つまり芸が「人を大きく見せる」ことはよくあるが、何と小柄な人だったのかというのが、失礼ながら再会したマルセさんへの第一印象だった。

しかし、舞台のマルセ太郎は、相変わらず大きかった。いや七年前以上に大きくなっていた。絶妙の「間《ま》」は風格を増し、一字一句噛み締めるような語り口は躊躇《ためら》わずに「名人芸」と言えるほどに洗練され、何よりもその佇《たたず》まいが輝きを増していた。

翌日、送迎車で仙台から塩釜の往復二時間ばかりの時間、私はマルセ太郎を「独り占め」にした。最初、後部座席に座ったマルセさんは「僕はお喋《しゃべ》りだから喋りやすい方がいい」と、助手席に移動してくれた。マルセさんは車中のほとんどの時間を話し続けた。素人の不躾《ぶしつけ》な質問にも丁寧に答えてくれた。感激だった。窓を開けて叫びたかった。「隣にマルセ太郎がいるんだぞ!」と。

塩釜の会場に着くと、お弁当が出た。マルセさんは私に「僕はこんなに食べられない。君もお昼はまだだろう。半分ずつ食べよう。」と言った。ちょうど『泥の河』で、芦屋雁之助がノブちゃんにカキ氷を食べさせる場面のように。その日は『泥の河』を演じた。いうまでもなく絶品だった。マルセさんと「半分ずつ」食べたお弁当の味は忘れられない。今でも『泥の河』のビデオを見る度に思い出す。

最後の舞台　神々しき『泥の河』

その後、マルセさんとは手紙でやりとりさせていただいた。また、マルセさんが仙台に来る度にお供をさせていただき、直接お話しを伺うことができた。至福のときであった。

ふと「来年の桜は見れるかな」と呟くマルセさんを見て、物悲しい気持ちになることもしばしばであったが、一向に病を感じさせぬ迫力に満ちた舞台からは、ひょっとすると、いや間違いなく長命だろうと信じさせる「生」のオーラが漂っていた。

亡くなる前年の十一月、「林香院」で見た『泥の河』は私にとってマルセさんの最後の舞台になった。何度も見た中で最高の『泥の河』だった。芸術の神様がいるとするなら、この日のマルセ太郎はまさにそのグレイス（恩寵）を一身に受けていたと言っても過言ではない。マルセ太郎の芸の集大成がそこにあったと思う。舞台に上がる直前、同行した奥さまに「でんぐり返しをやりますかね」と訊ねたところ、「やるよ。最近、元気なのよ」と答えてくれた笑顔が印象的だった。そして、マルセさんは軽やかに廻った。

元気と言えば、その日、マルセさんと奥さまと昼食をご一緒させてもらったのだが、その時の食欲には驚いた。メニューは仙台名物「牛舌《ぎゅうたん》」で、肉好きのマルセさんは、仙台で牛舌を食べるのをことのほか楽しみにしていたそうである。

ご存知ない方のために解説すれば、仙台の牛舌は、大盛りの肉の他に肉とほぼ同量の白菜の漬物、どんぶり一杯の麦飯、テールスープがセットになっており、普通の大人でも一人前は多めである。それを、マルセさんはペロリと平らげた。奥さまも「めずらしいねエ、こんなに食べるの……」と驚いていた。まさか、その二か月後にかえらぬ人になろうとは、思いもよらなかった。

マルセさんの訃報を知ったのは、前述の親友からのメールだった。覚悟していたこととは言え、その日は何も手につかなかったが、ふと、最後に見た舞台が脳裏をよぎったとき、「そうか、マルセさんは芸術の神様のもとに召されて行ったのだ！」と思い、爽やかな気持ちにすらなれた。それほどまでに最後の『泥の河』は神々しかった。

渡辺英明（会社員・宮城県）

マルセは公演先で独り身の若者に出会うと、いい人が現れないかと親戚のおじさんになった気分でおせっかいな心配をしていた。もっとも、実際に誰かを紹介するというような、具体的なおせっかいを焼いたことはない。そんな付き合いも持ってはいない。

彼に対しても、「休みの日に送迎をかってでるとは、きっと恋人はいないのだろう」と勝手に断定した。気持ちのやさしい青年に、その不器用さから近づこうとしない女性たちに対し、ぼやいたりもした。若かりし頃の自分とだぶらせて見ていたのかもしれない。

マルセ太郎とフランシスコ

IKUO三橋

マルセさんは洒落たことがとても好きな人である。しかし、とても不器用だからサマになるまで多少の時間がいる。

私は一度しか実現しないことは、とても価値のあることだと思っている。

そして実現したのが、一九九九年二月十三日、金沢市野々市町文化会館で行われた「マルセ太郎とフランシスコ」公演である。

マルセさんが、その一年前、フランシスコの舞台を渋谷ジァン・ジァンで観た時の第一声が「洒落てるヨー!!」。

私はピンときた。この二人を舞台で戦わせなければ。それはもう決定してしまった事のように、私の心の中は考えれば考えるほどワクワクして、マルセ太郎とフランシスコのいろいろな顔が浮かんでくる。そしてその時がきた。

ステージ上で笛を吹く男（フランシスコ）がいる。マルセ太郎が出てきて「ウルサイ」と笛を取り上げる。男は別の笛を吹く。再び取り上げる。三回目にマルセ太郎は強烈に「ウルサイ」と怒る。その怒り方が半端ではなく、演技を超えている。チヂミ上がったフランシスコと、マルセ太郎の怖さ。おかしかった。

このシーンがとても好きで、私はいつまでも忘れられない。

翌日、空港行きのバスを待つマルセさんの栗色の帽子に雪がチラつく。

私には一枚の絵として心の中にいつまでも残っている。

マルセ逝去後パリから出したハガキより

ご家族の皆さまへ。私はマルセさんと三十五年間の知り合いでした。思えば浅草演芸場時代から、昨年の多摩川サーカス物語（テント公演）まで、私は本当に多くのことを教えられ、助けていただきました。

私は二十年前にパリより帰国しましたが、プランBで、そして渋谷ジァン・ジァンで観せていただいた舞台に、以前と異なるマルセ太郎を感じ、ハッとしたことを思い起こします。奥深く秘めていた思想家的な、哲学者のような視点が作品の中に込められていったと思えてなりません。社会性とユーモアに溢れていることが、他の人情芝居や喜劇と異なるところだと思って観ていたのは私だけでしょうか？

最後まで、意欲的に丁寧に、確実に花を咲かせ、まだまだ多くのツボミを残したことは心残りだったことでしょう。

見事な人生だったことを遠くの空から拍手で送り、花束をセーヌの川に流します。

IKUO三橋（パントマイマー・神奈川県）
「マルセさんはフランスに来たら一躍スターですよ」。長年パリで暮らしていた彼の言葉は、フランス文化愛が強いマルセを大いに喜ばせた。オリジナリティに価値を置く土壌があるからだと彼は言う。また、彼が主宰するむごん劇かんぱにいの公演「イメージシネサーカス」は、若手の芸を滅多に褒めないマルセが注目し、公演後には自ら具体的なアドバイスをするほどだった。
不器用さと独創性は切っても切れないものなのだろう。浅草で出会った二人が紆余曲折を経て再会した先に、開花した花を互いに味わえたことがそれを物語っている。

いずれ彼岸で会うときに

神田香織

「いわきでこんな芝居を見ることができたなんて」「ものすごく優しい気持ちになりました!」「十七年生きてきてこんなに感動したのは初めてです!」。興奮が手に取るように伝わってくるアンケートの記述の数々。

一九九八年だったか、当時住んでいた郷里の福島県いわき市で『花咲く家の物語』公演を企画した。マルセさんの芝居を「文化不毛の地」と言われている、あるいは自嘲気味にそれに甘んじている地元いわき市民に見てもらいたい一心だった。切符売りははっきり言って大変だったが、結果は予想以上に受け、溜飲を下げたのを今でもときどき思い出す。

マルセさん。師匠の神田山陽は、渋谷ジァン・ジァンでマルセさんの『真空地帯』を聴いて「マルセさん、これこそ講談だ!」と楽屋に駆け込みました。マルセさんはまさしく現代の講談師。それも理想的な。張り扇と釈台を必要としない、自在で闊達な講釈師。

マルセさんに出会わなければ、私は相も変わらず記憶力と女っぷりを競い合う女流講釈師たちの中で悶々としていたかもしれない。あるいはとっくに足を洗っていたかもしれない。

話は飛躍するが、今、教育基本法がその理念を曲げられようとしている。マルセさんの「日本が愛国心の名の下にいいことしたという事実があれば教えてくれ」という言葉を思い出す。

芸人として最終的に自分は何をしたいのか、それを自分に問う。マルセさんといずれ彼岸で会うときに元気よくあいさつしたいから。

神田香織（講談師・福島県）

マルセカンパニーの代表作『花咲く家の物語』の再演では、全国各地から「わがまちでも」と名乗りがあがった。いわきもそのひとつ。

自身も演者でありながら、宣伝、集客、当日の運営という裏方に徹し、公演を成功へと導いた。右傾化していく日本社会を憂いて、「しゃべるやつはしゃべろ、書くやつは書け」と憤っていたマルセの声が響いた芸人の一人であろう。死の四か月前、「マルセ太郎と行くソウルの旅」に同行するほどの追っかけになったほどだから。

弔辞　マルセ太郎さま

ぐるうぷ〝えん〟
被災地ＮＧＯ協働センター

一九九五年一月十七日の阪神・淡路大震災後、被災地で公演していただいたことを昨日のように思い出します。毎日のように私たちのボランティアグループに来られ、お茶を一杯飲んで帰られる七十九歳のおじいちゃんがおられますが、彼はよくその話をします。「確かマルセ太郎という芸人さん、あんたらが拠点にしていた公園に来てやってくれたよなぁ。ワシも観に行ったんや」と、いつも懐かし気に話されるのです。これからの暮らしの見通しも立たず、ぼう然自失の被災者を前にしたマルセさんの芸術は、被災者の皆さんに一つの光を与えてくださったものと確信します。

あらためてお礼申し上げます。ありがとうございました。

私たちは梨花さんを通して、マルセさんと直接お会いすることができたのですが、芸を通して真実の思想を訴える姿には大変共感いたしました。被災地はまだ完全な復興を成し遂げていませんが、私たちは震災をバネに「市民主体の市民社会」の形成を目指して、さまざまな取り組みをしています。この取り組みの中でもマルセ太郎さんの思想が受け継がれることを、私たち一人一人の魂の中に宿らせているつもりです。

その意味でも大きな心の糧をなくしたというショックはとても大きいのですが、それ以上にご遺族の方々のご心情はいかばかりかとお察し申し上げます。どうかお気落ちなさらず、ぜひその遺志を継いでいってくださるようお願いいたします。

マルセ太郎さん！　お疲れさまでした。どうぞごゆっくりお休みください。

二〇〇一年一月二十四日　ぐるうぷ〝えん〟一同　被災地NGO協働センター一同

ぐるうぷ〝えん〟　被災地NGO恊働センター（兵庫県）

阪神淡路大震災後、何度か参加した震災ボランティアグループの事務局長村井雅清から、被災者を励ますためはもちろんだが、むしろボランティアの若者へ向けて演じて欲しいとマルセへ公演依頼があった（延べ二千人ほど全国各地から出入りがあった団体である）。

ＪＲ兵庫駅近くの須佐野公園に、広さ三十畳ほどのアルジェリアからの支援テントが建てられていた。そのなかでマルセ太郎は、震災から半年後、自身の肝臓がんの手術を受けてからも半年後、『泥の河』の公演を行なった。

猿の形態模写など四十分ほどのお笑い芸を終えた第一部。通常はそのまま舞台袖に退場し、五分ほどの休憩を挟んで、第二部、映画『泥の河』の再現芸が始まるのだが、そのときは椅子に腰かけたまま厳しい顔でこう告げた。

「おもしろくないと思ったら、どうぞこの時間に帰ってもらって構いません。僕の芸は、テレビのチャンネルをひねったらどこでも見られるといった、そんじょそこらにある笑いとは違います。遠慮せずにどうぞ」

しーんと静まり返ったテント内、席を立つものは誰もいない。

第一部のお笑い芸がうけなかった。くすりともこなかった。それに我慢ならなかったのであろう。私も気づまりを感じていたから、余計にその発言に冷や汗をかいた。

公演翌日、マルセを駅まで送ったあと、帰りの車中で、村井は言った。

「皆、特に若い子らは知らんねんな。『お笑い』いうたら吉本みたいなもんやと思うてるから、どう反応してええかわからんかったと思うわ。あのあと、Ｋ（本人も被災した地元のボランティア十六歳）

が言うとったわ。『村井さん、ホンモノっておんねんな』。わし、それ聞いただけで今回の公演は成功やと思うてる。マルセさんには申し訳なかったけど」

マルセはよく言っていた。

「やっと、自分なりに自分の芸に誇りを持ち、あちこちに呼ばれて出掛けるようになったけれど、世俗の欲望を捨て、謙虚に質素に生きている人たちに会うと頭が上がらない。エラそうなことを言えなくなるんだよ」

「ホームランだけではなく、セカンドの地味だけど素晴らしいファインプレーにも拍手を送れるような、いい外野席の客になろう」

政治や社会に対して実際に行動することができなくとも、闘っている人たちが孤立しないために、外野席のいい客になって応援しようよ、と。

村井をはじめ彼らのような活動に、マルセは心から拍手を送っていたのだった。

コラム1

文忌その一
マルセ太郎の笑いの深化

梨花

芸人の日常ってどんな感じなのだろうという興味もあるかと思いますので、その辺りから始めましょうか。

人生を楽しむ天才

「売れない芸人」というとなんだかくらーい印象があると思いますが、けっこう日々の暮らしを楽しんでいました。わが家では母が一家の大黒柱でしたので、学校行事などには父が顔を出していました。私が小学校へ入学した春、新入生代表の挨拶をすることになった時には、原稿を書き、稽古もしてくれました。

お金はなくとも新しもの好きで、月賦でオープンリール式のテープレコーダーを買い、家族には内緒で夕食時の会話を録音し、楽しんだりしていました。そのときのテープが残っているのですが、「あー、ずっと変わってないなー」と思ったのは、子どもたちがうるさくしている最中に、母に向かってあいかわらず「夢」の話を延々としているところです。

今いい話がきている、これで俺も花開くチャンスだ、というようなことを、明日にでも実現するかのように語っていました。この楽天的な性格は終生変わりませんでしたね。

風呂なし共同便所、台所は廊下にあるような二階建て八世帯が暮らすアパートに住んでいたとき、たまに父がテレビに出ることがあると、そのうちの一つの家の部屋に皆が集まって見ることもありました。なんだかんだいって売れない時代も、近所の人たちや、母と二人でやっていた店のお客さんともおもしろおかしく付き合っていたと思います。そういう点では人生を楽しむ天才でした。

とはいえ、芸人として日の目を見ない現実にクサクサして家族にあたっていたこともありましたし、売れてからの方が人格はまるくなっていったことは確かです。やはり人間、求められる場に身を置くという幸福が、よい影響を与えることに間違いはありません。
ちなみにマルセ太郎は二〇〇〇年、死ぬ一年前に出した年賀状にこう書いています。
「好きな仕事、好きな人。　マルセ太郎」

「選ばれた観客」に育てられた芸

芸についておよそ稽古という稽古をしたことがありません。もちろん若いときに所属していた演劇研究所では、ひと通りの身体表現や発声などについて学び、練習をしていたとは思いますが、猿の形態模写を演じるために、その生態を学びに動物園に通い詰めたり、あーだこーだと動きを研究したりということは一切ありませんでした。

浅草演芸場時代は日に二度の出番があり、観客の反応によってどんどんネタを変化させて行くことが出来たので、あえて稽古することもなかったのでしょう。晩年、いまの若手の芸人に同情していたのは、客の前でやる機会が断然に減ってしまっているということでした。

そして、渋谷ジァン・ジァンのようなホームグラウンドと呼べる場との出会いも重要でした。「俺の芸は客を選ぶ」と晩年豪語していたのも、そうした「選ばれた観客」の前で実践を重ねていくことで、質的にも技術的にも向上させることが出来たからでしょう。

『芸人魂』に、芸人と客の関係は、男と女の関係にも似ている、と書いています。

「惚れ方にもいろいろあり、またモテ方にもいろいろある。例えて言えば、僕は恋人になれる自信はないが、亭主になる自信はある。言いにくいことだが、選ばれた観客というのもあることは確かだ」と。

また、「独創性は儲からない。競争を避けた独創性には、客も寄ってこない。つまり流行らない。ただ、ささやかだが、そこに自己存在があることは確かだ」とも。

いまやお笑い芸人でも武道館ライブを行なったり、それを目標とする人も多いようですが、マルセ太郎が大事にした規模、キャパ百から二百の小劇場という空間は、お金になったり流行ったりということはなくとも、〝自己存在〟を肯定する場であり、それは演じるマルセ本人のみならず、足を運ぶ観客の一人ひとりにとってもそうであったのだろうと思われます。

「アンケート」への返信

マルセ太郎は舞台のアンケートに対して毎回返事を書いていました。それは、スクリーンのない映画館を初めて披露した渋谷ジァン・ジァンからはじまり、マルセカンパニーの芝居も含め、死ぬ二週間前、両国シアターχでの連続三日公演に至るまで、十六年近く続きました。

一九八五年二月十八日『泥の河』上演後、芸歴三十年にして初めて手にしたアンケートを家に持ち帰り、家族みなで回し読みして喜んだ次の日、お礼のハガキを出してこう言いました。

「これは死ぬまで続けるぞ。人間一番怖いのは馴れることだ。この感動も繰り返されればいつものことになってしまう。だから、いまの感動を忘れないためにも続ける」

癌の再発で入院した岡山の病院。帰らぬ人となったマルセのベッドの横には、アンケートの束があり、めくると、途中まで赤いペンで記載者の住所に丸がついていました。

実は、アンケートに返事を出し続けたのには、もう一つ理由があります。

親戚の町工場で働いていた時にプレス機でうっかり左手をつぶしてしまう事故に見舞われ、三本の指を欠いてしまった若かりし頃のマルセは、これで俳優になる夢も断たれたと絶望し、ある人に手紙を出しましたが、返信は来ませんでした。名のある俳優で多忙を極めていたであろうことは理解できる。まして、いち青年の悩みに付き合う義務もない。しかし大いに落胆した。そのときの自分と同じ思いを、特に若い人たちには味合わせたくない。そう言っていました。

タクシーのラジオでマルセの訃報を聞き、帰宅すると見覚えのある筆跡のハガキが届いていたと知らせてくれた人がいます。

宣言した通り、死の前日までそれは続けられたのでした。

映画再現芸を再構築させていく

スクリーンのない映画館は当初台本のようなものは

一切書いていませんでした。だんどりメモのようなものを箇条書きにし、私を前にしゃべりながら、どこの場面何分と記し、大体二時間の枠でおさまるようにとそんなアバウトなものでした。

もっとも、それまでの自分自身のお笑い芸のネタにしても他人《ひと》に書いていたコント芝居においても、演劇の脚本のように一言一句セリフを書き出すというようなことはしていませんでしたから当然といえば当然なのですが。

それが『芸人魂』という本を一冊記すことをきっかけに、すでに五十八歳になっていましたが、それまでの作品をひとつひとつ文字で原稿用紙に書き記すということをしました。それによって無駄な言葉を排し、芸の飛躍がみられたように思います。それまで毎回、生《なま》のお客さんの反応を受けて作りあげていった、体で実感している笑いのリズムを、改めて文字で表していくということで、さらに俯瞰した視点を養っていったのでしょう。

例えば、『息子』は上演回数を重ねるごとに、どんどん明るいもの、笑いの多いものに変わっていきました。当初はこの映画で表現される日本における差別的な格差、たとえば農村と都会、ろう者と聴者、エリートと日雇いといったことを通したドラマに重きを置いていたのが、だんだんと本来のお笑い芸でやっていた視点が多く入るようになっていきました。

導入の部分で、方言の話から日本語の乱れに対しての持論を展開していくこともそのひとつです。といっても評論家ではありませんから、そこはおもしろおかしく、カタカナ語が氾濫することを揶揄する例として、神戸の「フラワータウン」という駅名や京都駅の地下街の名称「ポルタ」についてなど、実際に公演などで訪れ見聞きした話が入ります。

ファックスを効果的に使う映画のシーンに感心しながらも、人びとが次から次へと出てくる「便利」な道具を、節操なくおもちゃを与えられた子どものように使いまくっていく様子を批判的に語ります。コードレスフォンにはじまり携帯電話にいたるまで、そしてそれを使う恋人たち。そこから飛躍して若者の男女の様子を誇張して見せ世俗を切る、といった方向に脱線がエスカレートしていきます。

ラストシーンの雪の中、買ったばかりのファックスを持って歩いていく三国《みくに》を演じる場面は、当初、『生きる』のラストのように静かに涙がこみあげてくるといった感じだったのですが、「はたして三国にこのファックスを使いこなすことができるのか」というセリフで観客は笑い、その笑いのなかに消えていくエンディングへと変化していきました。

そうして独自の芸を開拓し、深化させていくなかで、揺るぎない自信がついてくると、もはや世俗的な欲望は薄れていきました。

若かりし頃、三人のこどもを育てる過程においては、食べていくためにテレビに出て売れたいという人並みの上昇志向も持っていましたが、小劇場での芸の場を得てからは、とりたててテレビ、テレビ、ということもなかったですし、「自分の芸を誰よりも的確に批評できる」という点においては、もはや自分の芸の良し悪しでテレビに出る、出られないが決まるのではなく、テレビという媒体では所詮無理なのだと客観的に悟っていた節があります。

マルセ太郎は、決して世に言われるような「上手い」芸人ではありません。滑舌は悪いし、言葉のつなぎがぎこちないときもある。達者な落語家の「噺《はなし》」にうなるといった類のものではありません。つまり鑑賞用の芸ではなかったのです。

その代わり、「暗い世の中だけど笑って楽しもう、いっときの快感を味わおう」というだけのものではなく、〝考える〟ということを一人ひとりに突きつける笑いだったと思います。

開花した芸の飛躍

マルセ太郎は、「笑いとは何か」ということを舞台の上とか下とか、作品にするためとか、仕事だからとかそういったことを置いて、常に考えていた。そのことが、さきほど「上手い」芸人ではないと言いましたが、やがてはとてつもない芸として、技術を超えたものを作り上げていったのではなかろうかと思います。

それも晩年のことで、年をとってあれほど変化していった芸人はいないでしょう。

もっとも永六輔さんの言葉をかりれば、よっぽど若い頃変わらなかったんだね、マルセさん、ということになるのかもしれませんが。

とはいえ、やはりある意味での「技術」も身につけていったことも事実です。

落語家が首を左右に振り、役を演じ分ける方法とは異なり、体の向きを変えずとも一瞬にして大人が子どもになり、男が女になる。声色だけ変えることに留まらぬ全身を使った表現力。映画の脚本にあるト書きとは違う場面説明。映像ではカメラワークで見せる焦点を、身体を駆使した語りで観客の視点を集め、映像を鋭角に浮かび上がらせる。そして、箱（劇場の大小、屋内外、寺の本堂や喫茶店の一角まで場《ステージ》を選ばず）や客の反応に合わせた「間《ま》」の取り方の妙。

落語や漫才などの「しゃべり」芸中心のお笑い。セリフの意味のおかしさに重きを置く輸入物の喜劇。滑稽さを笑い、お涙頂戴を誘う上方の人情劇。そのどれにも属さず、それでいて会場が爆笑の渦にあふれる、比類なき「笑い」の芸を創造するための「技術」を確実に向上させていきました。

芸人として不遇だった時期のことをプランBでの七回忌の催しで田中泯さんが話しています。

「あるとき、マルセさん、冒頭からなんだか調子が悪くて、大丈夫かなと思っていたら、頭を下げて、『すみません、もう一度やり直します』と、いったん扉を出て行ってしまったことがありました。そして再度『こんばんは、マルセ太郎です』と、はじめからしきりなおして語りだした。そのときのことは忘れられない。僕もそうだけど、舞台に出た瞬間に、あ、違う、と思うことがある。でも、その違和感をどうにかごまかして最後までやる、やってしまうというのが普通なのに、そうやって、やり直すことっていうのは誰でもが出来ることじゃない。僕の知っている限り、そうしたのは、土方（巽）さんとマルセさんだけです」

五十歳を過ぎて世に出た芸人ということだけに注目して、「いまにみていろ、俺もマルセ太郎のように……」と言う人がいましたが、誰でもが到達できるレベルにはいなかったのだと、この逸話から想像できます。だからこそ、「芸が化けた」あとも、落ちることなく、独自の表現の世界を広げていくことが出来たのでしょう。

故人を偲ぶ、追悼する、受け継ぐということ

さて、今回これまでとは違う形での「文忌」に招かれ、中島さんから「マルセ太郎の笑いの深化」（〝進化〟ではなく〝深化〟としたのも彼の意向）について話をしてくださいと頼まれ、準備するにあたり、マルセ太郎を追悼する、受け継いでいくというのはどういうことかと考えました。

二十代前半に二年半ほどかけて世界十七ヶ国を旅して見聞きした雑話を、「動くエッセイ」と称して舞台で披露したことをきっかけに、ひとり語りを不定期に行い、アルバイトを掛け持ちしながら、行くべき道を模索していた私に、マルセは死のひと月前、こんなことを言いました。

「これからどうするんだ？『しゃべったり、書いたり』してみたらいい。おまえはそうするのが似合っている」

こうして人前で話をするとき、ファシリテーターとしてワークショップを開くときなど、芸人マルセ太郎から学んだことが活きていると感じます。

なにも芸人や職業として「表現」を生業としていなくても、何かの場面で、「あ、これってマルセ太郎の影響かもしれない」と思うことが、きっとみなさんの中にもあるでしょう。また、マルセ太郎に限らず、人生の先々で出会い、心に重しのように圧《の》し掛かってくる人が、それぞれにおられると思います。その人がこの世からいなくなっても、何かの折にふっと立ち現れる。それが自分を支えてくれる。そして受け継いだ何かが誰かに伝わる。

マルセ太郎の生前の舞台を追いかけた人や今日はじめてその芸に触れた人にとって、この文忌が、そんな影響を与え合い、思いを深める機会になれば嬉しいです。

哲学に唸る

僕の頭を変にした人

森正

『マルセ太郎　記憶は弱者にあり』を出版して数か月後、同書に寄稿してくれた寺田元一さんから一枚の紙切れを渡された。インターネット情報だという。発信人は不明。

「通読一遍、ただ苦笑するのみ」とは、公布されたばかりの明治憲法を読んだときの中江兆民の反応だった……と、幸徳秋水は伝えている。情報一読、僕の方は、苦笑しながらも、半分は感心していた。「おぬし、なかなかやるな……」と。

どんな文面だったかといえば、「上信線で読了。マルセが神？　になるのは、あきれつつもまあ許せるが、森正と寺田元一というオベンチャラ野郎にゃあきれる。Iの面前の、Hかよ？」（原文は実名。巨大宗教団体のドンと女性国会議員）。

かくて僕は、どこの誰だか知らないお方に、マルセ中毒患者と認定されたわけである。光栄なことである。もっとも、寺田さんは「僕は患者じゃない」と、いまだに突っ張っている。

並木成男さんが編集長の『さるさる』情報誌に、「マルセ中毒・病棟マップ」というのがある。全国に十四の病棟が点在していて、僕は名古屋病棟ということになる。いやいや、僕は軽症なので通院加療中としておこう。名古屋には重症患者が多くて、病棟は超満員なのだ。

それにしても、おかしな話である。マルセさんがこの世にいないのに、いまだに中毒患者がウロウロしているとは。もっとおかしな事実を僕は知っている。マルセさん亡き後に患者になってしまった人間が何人もいるのだ。ということは、患者が増えているということ？　あな恐ろしや、マルセ太郎。

僕は考える。世の善男善女が、中毒症状をきたす原因はなんだろう？　十人十色というから、もしかしてあの怖い顔がシビレル？　まさか、それはないでしょう。もうちょっと理屈っぽい原因があるはずなのだ。

というわけで、あれこれ、僕はない知恵を振り絞る。ルイ・ジューベ喜劇の実践者／少数者・弱者の視点／時代の告発者／インテリジェンス／人間臭さ／観察力／分析力／洞察力／アンチ権力・権威／創造性／オーソドックス／優しさ／しなやかさ／批判精神……。思い巡らし、たどり着いた結論は、なんだかよくわからないが「複合中毒」だろうってこと。どうりで、ちっとも治らないはずだ。

マルセ太郎を語る時、ほとんどの人たちは、彼の秀逸な「芸」を語る。当然のことで、それはそれでいい。でも、僕は「芸」の基盤にいっそう関心がある。富士山でいえば、あの広大なすそ野に社会科学の目が向いてしまう。インテリジェンスというすそ野に。その意味で、娘・梨花さんの最近の「マルセ論」に注目している。僕に見えなかったものを見せてくれるから。この先、彼女の「芸」も、きっと豊かなすそ野を想像させてくれるものになるだろう。

この歌は、誰かが指揮を執らなければ歌えません。「ご起立願います」、これが入らないといけないですね。で、ご起立するわけ。そこで初めて歌える歌なんです。そうでなくて、誰が命令するわけでもなく、皆さんの間で自然にわき起こる、そういった国歌が将来生まれるまで、しばらくの間、「東京音頭」で我慢しましょう。

ただ者ではない芸人を知ったのは、この「君が代コント」の時だ。一九八九年だった。あの時、僕は脳天に雷をもらった。あれからだ、頭が変になったのは。日本コント史上、これが最高のコントだと、僕は信じて疑わない。

冒頭の話に戻るが、マルセさんが神様になるのは許せる……なんて、もしかして、アンタも中毒患者？

森正（名古屋市立大学教授〈憲法学〉・愛知県）

喜劇、人権、日本についてマルセが縦横無尽に語った『記憶は弱者にあり』の編著者。

彼がマルセ太郎の社会科学的視点に注目したのは、布施辰治の足跡を追い続けていたこととも関連するだろう。近著に『ある愚直な人道主義者の生涯―弁護士布施辰治の闘い』（旬報社・二〇二二年）がある。

「真面目さをバカにしてはいけない。しかし真面目なことを言う奴はたいがいおもしろくない。だから、まっとうな社会批判をおもしろおかしく語れる俺は貴重な存在だ」と豪語していたマルセ。その笑いの根底にあるものを探るべく、徹頭徹尾耳を傾け、社会科学としての見事な「マルセ論」を書き記している。

ジャーナリズムへのまなざし

道面雅量

「中毒患者」の皆さんには、いまさら解説の必要はないだろう。マルセ太郎さんのコメディアン論――類型と典型論について、新聞のコラムでこんなふうに紹介させていただいたことがある。広島でマルセさんの一周忌の集いがあった直後に書いたものだ。

(前略) マルセさんは「コメディアンとは、類型ではなく典型を演じることのできる人間だ」と語った。サルの芸で言えば、よくやりそうなノミを取ったり、おしりをかいたりの演技では、観客は決して笑わない。それは典型ではなく、類型だ。

典型は、特殊な表現を取りながら、観客の潜在意識に共通して響く普遍性を備えている。「そうそう、それなんだよ」と思わせる。典型を見つけるまなざしの力がコメディアンの資質だ――と語ったのだ。

さて、この「コメディアン」を記者に読み替え、自らを振り返る。犯罪があれば「声を震わせる周辺住民」を、選挙があれば「景気回復を望む有権者」を手軽に取材し、こと足れりとしなかったか。類型を集めることで満足してないか。

一周忌の集いには、マルセさんの遺影があった。一度見たら忘れられない、あのギョロ目が光る。「典型を見つめるまなざしの力」について、今も問い掛ける。

(『中国新聞』二〇〇二年二月五日付朝刊)

自分の問題意識に引き付けて、つい殊勝ぶった文を書いてしまったのは、生前のマルセさんがジャーナリズムに寄せていた関心の深さを思ったからである。

一九九六年五月。『生きる』の広島公演がはねた後、打ち上げに参加して聞いた「マルセ語録」を、メモに残している。

「戦争中、新聞には言論弾圧を加えられたというが、それは文字通りそうか？　闘って監獄に入れられた新聞人が、どれだけいるの。共産党には弾圧があったぞ。戦争を賛美しておいて、後から『弾圧だった』は言い訳じゃないか」

「新聞は、冤罪を見つけることが使命。なのに現状は、お上が決めた容疑者へのリンチをあおっている」

ラジカルな問い掛けは、記者になって年数の浅かった私にとって、「中毒」も当然の劇薬だった。その少し前、私は皇族関係の記事に特別な敬語を付けるかどうかで、原稿を見る上司に面倒を負わせたことがあるだけに、よけいに印象深かった。

二〇〇〇年四月、アンケートへの返礼としてマルセさんから届いたはがきには、「成功することが即幸福ではないことを知るべきです」とあった。揺るぎがちな志に支えの手を差し出すようなその言葉は、今も私の中に響いている。

道面雅量（新聞記者・広島県）

日本のマスメディアにはことのほか厳しかったマルセである。芝居の宣伝のためのインタビューであっても、頭を下げてお願いしますという姿勢はつゆほどもない。的外れな質問には腹立ちまぎれに、しかし、まっとうに切り返す。立ち会った人は冷や冷やしたことだろう。

一方で、信頼を寄せるメディア人に対しては、権力を監視する責務を放棄せず、「記憶は弱者にあり」の姿勢で報道しつづけて欲しい、と期待を寄せていた。

彼もそうした思いを託された一人である。

人としての矜持はどうした——卑しさに対峙した芸

髙田尚文

『スクリーンのない映画館』で取り上げられるマルセ太郎の思想を一点で集約するならば、「物の豊かさや便利さの追求の代償に我々が喪《な》くしたものは何か」の問いかけでした。

『息子』に象徴的場面が登場します。母の一周忌に帰省した次男・哲夫に老いた父親は「アルバイト暮らしばかりしていないで就職しろ。東京で仕事が見つからないのなら、田舎に帰って百姓を——」と説きます。哲夫は「百姓仕事は割に合わねぇだろうが！　カンカン照りの日を一日も休まず働いても、葉タバコは百五拾万円にもなんねぇって！　東京だば、冷房の効いたビルなんかでコーヒー運んでも時給八百円だかっなあ！　経済の仕組みがそうなってんだよっ！　日本は——」。

アメリカのフォークソングの草分け、ウッディー・ガスリーの著作『ギターをとって弦をはれ』（中村稔訳・晶文社）にも同じモチーフが出てきます。「今、俺があたりを見回せば、明々白々よく見える。この広い意地悪な世界は面白いところさ。バクチ打ちが金持ちで働く奴は貧乏だ。この世に住む家とてなく天涯孤独な俺なのだ」。

「えらい大学に行ってえらい会社に入った兄ちゃんはエライのか！」の哲夫の問いかけは、下積みの苦労で鍛えあげられた強靭な批評精神のマルセ太郎の語りにかかると、そのまま今日の我々への鋭い問題提起となりました。洋の東西を問わず、権力、金力だけが幅を利かす社会、真面目に汗する者が報われない社会への問いかけです。「社会とはそういうものさ」とわけ知り顔の我々に二重の問題提起となりました。

『息子』は、岩手県の山村で農業を営む年老いた父親と三人の子どもの物語であり、テーマは古くからくり返される、親が子どもに裏切られるものです。ところが、〝映画再現芸〟でありながら、ひとたび彼が語りだすと、映画とは別の人格をもった彼のオリジナルとなり、我々は虜になっていきます。

代表作『泥の河』でも随所に、残酷さと優しさとおもしろさを包み込んだような、人間の哀しみを語る彼の心に触れることができます。

『泥の河』は、戦争の傷跡を残す大阪で、河の畔に住む少年と廓船《くるわぶね》に暮らす姉弟との淡くて短い交流を描いた作品です。時代は戦後十年頃であり、ときの総理大臣が「貧乏人は麦を喰え」と言った、『白いご飯』が貴重な時代でした。在日朝鮮人として大阪、生野で生まれ育ったマルセ太郎が東京に出て行った頃でもあります。

第二次世界大戦の壮絶な戦地からやっと帰ってきたのに、「いい奴が虫けらのように死んでいきよる！」

（映画では田村高廣の台詞《セリフ》）は、社会の不条理を問うマルセ太郎のつぶやきでもあるのです。少年の、薄幸な姉弟との出会いと別れの物語は、少年が大人に旅立つ物語でもあるのですが、マルセ太郎の人生もそこに二重写しにされています。

今日、メディアを通して流れてくる『芸』は、卑俗で下劣で品位がありませんが、マルセ太郎の『芸』（笑い）には底流に人間愛がありました。偽ものの芸や、また芸だけでなく社会そのものがうそで塗りたくられ毒されている状況のなかで、彼は権力はもとより肩書とも無縁の本物の芸人でした。芸や社会が汚れていくのを嫌がる！　それが彼の矜持でした。あるときの公演では、シリアスな場面で空笑いをするお客を叱責しました。人品卑しいものを嫌うのも徹底していました。

そういう立場を主張したからこそ、彼の逝去を伝える某国営放送局の訃報は杜撰《ずさん》なものになりました。「動物の形態模写のマルセ太郎さんが亡くなりました」。ＮＨＫの演劇人・マルセ太郎の評価はその程度のものなのです。人権尊重、反差別を標榜し耳に響きの良いコピーを流しながら内容の空虚さを露呈しています。

彼は決して声高に反差別を訴えませんでしたが、『君が代パロディ』ひとつを取り上げてみても、アジアの近隣諸国をないがしろにし、この国の方向性をも見失っている今日の社会のありようを鋭く問いました。

サラリーマン・シリーズの詩人、岡見祐輔は「心の優しいものが先に死ぬのはなぜか」と詠みました。マルセ太郎は芸が円熟の境地に至ったときに病魔に襲われました。早すぎる彼の死は無念ではありますが、彼の語りは、我々の心の襞《ひだ》の奥深くに刻み込まれました。

「死をも含めて人生である」も彼の語録でした。彼が他界して一層、彼は我々のなかに生き続けています。

髙田尚文（司書・堺市立中央図書館館長・大阪府）

筆圧の強い癖のある字。郵便受けから出した瞬間、差出人を見ずとも、すぐに彼からだとわかる。公演後に届く厚い手紙に込められた思いを、にんまりしながらマルセは読んでいた。

『「藝人・マルセ太郎」を偲ぶ』と題して、没後三か月にあたる二〇〇一年四月二十二日、自身の職場である図書館で、彼は熱弁をふるい、一時間半の講演会を行った。

また、年に一度の「文忌」には大病を患いながらも出席。後日、会の感想とともに、年月を経てもなお一層マルセ太郎への中毒が増している様子が伺える手紙が届く。そして、「あの中毒患者の本はその後どうなりましたか?」という毎回の問いかけは、是が非でも本を完成させなくてはという原動力となっていった。

マルセ太郎という芝居

則松直樹

マルセ太郎は、一般の人にとっての幸福のかたちをじぶんにも、ひとにも、問い続け、そうして、マルセ太郎にとっての幸福のかたちだけを、マルセさんの芝居を含めた人生のかたちで、いや、むしろ、マルセさんの人生を含めた芝居のかたちで、というのが正しいんだろう、ともかく、個人的なそして、それゆえにとても具体的なかたちとして、ぼくらに観せきって、演じきって、旅立った。

マルセ太郎にぼくが出会えたのは、終わってしまったマルセさんの人生の中では「晩年」と呼ばれることになるんだろう最後の五年間ほどであったけれど、もちろんもっと前に会えていりゃあ、観れなかった演目が観れたんだし、より身体を動かせる体力のあったところの動きというのもきっとまたすごかったんだろうな、とは思うのだけど、それでもなんだかこのようにマルセさんと会えたからこそ、マルセさんのエッセンスを濃縮されたジュースのようにごくりごくり喉を鳴らしながら呑むほどのラッキーに恵まれたんじゃないか、と思わないんでもないんです。そして、そのラッキーはぼくにとっての「幸福」につながるものでもあった。


マルセさんが亡くなってからも、「マルセ太郎って、イイよな」という話を、ぼくはぼくの好きな人たちと、たくさんしています。昔からの知り合いであったり、マルセさんが亡くなった後で知り合った人であったりするんだけど、このあいだもマルセさんが毎年来てくれた宮崎の「野の花館」に、沖縄の、一人ゆんたく芝居をやっている藤木勇人さんがいらしたときにも、藤木さんやスタッフのYくんとマルセさんの話に花を咲かせました。たしか、梨花さんの文章の中で「父は自分の芸を好きな人には弱くって、それまであまりよく言ってなかった人でもとたんに態度がかわってしまう」というようなことを書かれてた気がするのだけど、ぼくがマルセさんの話を一緒に楽しめるのは、「やっぱりな、この人も好きなんだ」と思える人ばかりで、そういう人とつながっている自分はやっぱりヒトを見る目があると、（あまり誰からも誉められない）自分を誉めてあげたりするんです。

イヤ、でもマルセさんは「ただ誉めれば喜ぶ」というひとでもなかったんだ。

ある打上げの時につぶやくように「ぼくの芝居を観て『優しい』なんていうヤツがいるんだが、冗談じゃない、オレは腹が立って怒っているから、芝居をやってるんだ！」なんて言っていたこともあったんだ。さっき何回か使っちゃったけど、「出会い」と「ふれあい」とかという、誰にも文句のつけられないような言葉を安易に多用して仲良しごっこをしがちな関係にも、「ふれあい道路」なんて車がふれあったら危ないだろ！　などと笑わせながら、味方だと思っている人にこそ、なれ合いにならないようにと警笛を発してくれるのだった。

もともとマルセさんは、「しつこい」ひとで「説教好き」のおじさんなんだと、ぼくは思っている。で、世の中によくいる「しつこい」「説教好き」のオヤジを、ぼくは大嫌いである。酔っぱらってなくてもからんでくるようなヤツ、とかね。でも、マルセさんは大好きだ。なぜだろう？

ただの「しつこい」「説教好き」のオヤジは、自分の狭い「正しさ」にしかよりかかれずに、相手を従わせようとするだけなんだ。相手にも、そしてじつは自分にも、信頼感が、Be動詞への自信が、ない。

マルセ太郎の芝居には、「どーしよーもない人」も含めて、じつにいろいろなユニークな人たちが登場するが、どの人が正しくてどの人が間違っている、という評価では決して描かれていない。ただ、リアリズムの表現だけが「しつこく」追求されていて、その「しつこさ」が、たとえば、あの有名なサルの洗練されたシンプルな動きの表現をつくりだしてきたのだ。

『芸人魂』の名言集の中で、たしかマルセさんは、「オチで笑いをとろうとすると失敗する。オチに至るまでを、きちっと表現できたら客は笑ってくれる。オチは笑うきっかけを与えるだけだ」みたいなことを書いていたと思うけど、これは相手にも自分にも対等な信頼感、つまり「Be動詞への自信」があってのことだと思うんだ。

自分がちゃんとその気になって伝えたら、ひとはそのことをわかってくれる。そんな自信を離さずに持ち続け、マルセさんは自分のリアリズムを追求し、それをメッセージとして届けていった。

幸福は、個性的なものだ。そして、自分の外に向けて表現されていなくては、それは幸福とはいえない、まさに小鳥が喜びの歌を唄うように……という三木清のことばをたんに言葉として語るだけでなく、みずから、「不運（unlucky）」をも自分の個性として、「幸福（Happy）」に変えてしまうような行動で実証してしまったマルセさん。

やはりマルセさんが好きだった羽仁五郎の『ミケルアンヂェロ』の書き出し「ミケルアンヂェロは生きている。疑うものはダヴィデを見よ」をもじって言うなら、「マルセ太郎は生きている。疑うものは、（　　）」

カッコの中には、それぞれの人がマルセさんから受け取ったものが入るんだろう。マルセさんを好きだった人の文章のつまったこの本を読むことも、当然このカッコの中に入ると思う。

則松直樹（編集者・神奈川県）

親子二代続いてのマルセ中毒患者。親から子へではなく、子から親へ感染を広げていった例が彼。宮崎県にあった古民家文化施設『野の花館』（二〇二二年の五月、惜しまれながら三十年の歴史に幕を閉じた)。敷地を提供し運営に携わっていた両親に、東京で『泥の河』を見て圧倒された彼は、「『野の花館』にマルセ太郎をぜひ呼びなさい」と話をしたという。

そしてこんなこともあった。アートキャンプ白州でのマルセ公演を見た翌日、リュックを背負って駅まで歩いている途中、背後から来る車に呼び止められた。「歩いていくつもり? 暑いなか大変でしょう、乗っていきなよ」と運転席から声をかけられる。最寄りの駅までバスで四十分の山あいの道のり、歩き疲れたら途中のバス停からバスに乗ろうと思っていたが、日に三本しか走っていないと聞き、言葉に甘えて同乗した。助手席に座っていた「しつこく」「説教好きな」おじさんとの車中での時間はどうだったのであろう、気になるところだ。

怒《いか》る人、恨まない人

宋仁浩

「生きていて少しも楽しくない」、一九八〇年頃、大作『戦争と人間』の後書きで五味川純平が語っている。さらに、友がいないからでも妻を亡くしたからでもないといい、こう結ぶ。「ペンは剣より強しという。果たしてそうか。ペンは邪剣に奉仕するに忙しいようである」。当時の体制迎合的な似非《えせ》知識人の跋扈《ばっこ》と言論の堕落を嘆いたのである。こんな社会に生きているのが嫌になると。二十年を経て、この状況はさらに悪くなっていると思う。日々新聞を読んでは、罵詈を浴びせてしまう。女房殿から「子供が悪い言葉を覚える」とたしなめられるのだが、止まらない。「やかましい、馬鹿とはこんな奴を言うためにあるんだ」「これこそ卑劣の定義じゃ」等々。

マルセ太郎が、朝、新聞を読んだ時から怒っているというのを聞いた時、苦笑と親近感を覚えたものだ。時に、こんな社会に生きているのが私も嫌になる。だが、マルセ太郎の切れ味鋭い語りを聞いていると、こんな面白い人がいるんだからまだ捨てたもんじゃないと救われた気分にさせられていた。

怒ってばかりいる私だが、一方で人なつっこい。日常接する人については、滅多に全否定の気持ちにならない。しかし、過去出会ったやつでどうしても許せないのは数人いる。

仕事柄（精神科医）、人の人から受けた心の傷を聞かされることが多い。いや、多いなんてもんじゃない、毎日何度も。相手に共感的に接しているうち、時に私の似たような体験を思い出してしまう。その為、今も思い出して不愉快な気分になることで、当のイヤな奴に改めて腹がたつ。無知、偏見、傲慢、卑劣、嘘……そして屈辱。「職業病だあ」と苦笑していた。

これがこの間マルセ一周忌の集いで、マルセ太郎について語り合った後、すうと楽になった。自身癌と戦いながら演じていた『生きる』を思い出してみよう。「私には人を恨んでいる時間はないんだ」「行かなくては。そうだ、行かなくては」……。彼は人を恨まない。

「成功と幸福とは別物である」。この哲学を自分のものとするまでの険しい道程を思う。彼は五十歳まで不遇だった。楽天的で、しかも決して人と自分を比較しないから、芸を続けられたのだという。全くその不遇を嘆かなかったのか。

マルセ太郎の芸の根底には、傲慢なもの、力で人を踏みつける者への怒りがある。もう一方の極には、想像力と共感がある。中村秀十郎、段平を演じる時の、名もなく弱く、しかし懸命に生きるものに向ける眼差しの深さ。反権力は彼の天性だろう、だが天性にさらに輝きを与えたのは、実は彼の不遇ではないのか。

彼は卑しさを嫌った。人を妬むのは卑しい。金や権力や成功に固執するのも卑しい。屈辱的な体験は一杯あったはずだ。時に恨みのような陰性感情に襲われなかったとは思わない。だが、それを人に語った形跡はない。ネガティヴな感情が浮かんでも、それはすぐ消え、卑しさを嫌う中で常に昇華されつづけていたのではないか。そして独自の哲学と芸は深化されてゆく。こう考えた時、聖書のキリストを思った（私は無宗教でクリスチャンではないが）。イエスは、常に怒ってばかりいる。パリサイ人の偽善、権威主義、弱者に対する冷淡さを憎んでいる。しかし、誰も恨んでいない。おそらくは、自分を十字架にかけ殺した者さえも。「恨みは自分一身のこと、怒りは他人の為に」。以来、自分にこう言い聞かせると陰性感情の流れが止まってゆく。

私たちは怒ってよい、いや、マルセ太郎のように怒るべきだ。怒らねばならない。踏みつけられたものの為、踏みつくものに対して。しかし、人生には人を恨んでいる時間などないのだ。個人的恨みは、公憤の部分を取り除けば、自分に向けられた侮辱の為であることが多い。侮辱は所詮自分一身のこと、こう思うと、囚われることが少なくなった。職業病が治ってしまったらしい。前述の自分が考えた句は、亡きマルセさんからの贈り物だと思っている。

僭越ながら、彼の幸福論に一つ付け加えたい。作家・灰谷健次郎の言葉である。「人間が幸福になりたいのは、他人の不幸に我慢がならないからである」。——マルセ太郎の手の中にはこの幸福論があった。

お別れの時、来る人毎《ごと》に「マルセさん、ありがとう」と呼びかけていたと聞いた。没後一年経っても、その足跡を辿るうちに、私を導き癒やしてくれた。何という人だろう。いない、こんな芸人、他には。この人を失って痛いほど悲しいけれど、出会えたことに感謝している。「悲しみも幸福に転化する」(マルセ語録から)。

宋仁浩(精神科医・京都府)

彼は言った。精神科医としての師は小澤勲(認知症ケアの第一人者)だけれど、人生の師はマルセ太郎である、と。

マルセの三回忌を京都で主催した際、梨花を招き、ひとり語りの場を設けた彼は、そのトークに感心したものの、単刀直入にこう尋ねた。「こんなことやって、食べていけるのですか?」。「いやー、東京に自称演劇人は十万人いると言われていて、年一回公演が打てればいい方で、皆バイト生活ですよ。まあ三十歳を区切りに辞めていく人が多いですけどね」。ひと月前に交通事故に遭い、首にコルセット、肩から三角巾の姿を指して、自嘲気味にさらにこう呟いた。「でも、このせいで、掛け持ちのバイトは首になるし、大変ですよ」。

「うちで働きませんか?」と、すぐさま彼が声をかけたのは、ひとえに師に対して恩を返したかったからだとか。

以後、梨花は京都に移り住み、約八年間、彼の経営する精神科クリニックに併設された認知症デイケアの介護スタッフとして働くことになる。

不死身のヒーロー

鳴海八重子

不死身といえば、こどものころに観ていたテレビマンガのヒーローのようだが、マルセ太郎という人は、まさに不死身のような人だった。ヒーローはいつも怪獣にやられそうになってはこどもたちをハラハラさせるのだが、最後には必ず使命を全うし、そして雄雄しく去っていくのだ。でもいつも等身大の人間の姿に戻って、みんなの傍に帰ってくる。

わたしは夏に、アートキャンプ白州のスタッフとして山梨県の田舎に行くのだが、癌だと聞いていたマルセ太郎は、体調が優れずアブナイぞ、と言われながらも、毎年やってきては、右へ左へ舞台上を動き回り、たった一人でしゃべりまくり、観客を笑わせ、ホロリとさせる。本当に病気なのだろうか、とよく疑った。まったく病人らしくないのだ。まさに不死身。

白州の舞台はまったく自然に放り出されたような手作りの舞台である。夜の公演では、舞台の後ろに真っ黒な甲斐駒ケ岳。そのシルエットが闇を深くしている。白州に住む「身体気象農場」のメンバーやアートキャンプのボランティアで塗り直した美しい黒い床の舞台には、同じくボランティアが作った黒の腰掛けがひとつきり。もちろんこれも黒に統一されている。モノトーンの舞台なのに、いざマルセ太郎が語り始めると、そこにはきんつばの焼ける匂いがし、夏のジリジリする太陽が現れ、そうかと思うと米びつのひんやりした白い冷たさがせつなく、青く燃えるカニが一瞬横切る。「きっちゃーん」の声が響いて暗転になると同時に、静寂の森にマルセ太郎は溶け、後には大きな暗闇と、忘れていた虫の音が三十年以上前の大阪から白州へとわたしたちを連れ戻す。――そして、なりやまぬ拍手。照明が点り、どこか照れたような我がヒーローが再び光の中に復活する。快楽の瞬間である。

けれど、スタッフ（泊まりの観客も含めて）の快楽はそこで終わらない。自然の中での舞台は、そのままキャンプ場の広場と変わり、みんなが集って今日の感動を互いに語り合ったり、お酒を交わしたりと賑やかで、中でも舞台を終えたばかりのマルセ太郎本人の饒舌なこと。黒々とした山肌の足元、静かな興奮とともに余韻の醒めない観客たちがちらりほらりテントに帰りはじめて、幾つか点在していた輪はひとところに集まった。もちろんマルセ太郎の周りにである。若いスタッフが二十人、いやもっといただろうか。輪の中心でマルセ太郎は喋《しゃべ》る、怒る。そしてやっぱり笑わせる。その語りは夜中の一時、二時まで続いた。その時、彼は一生懸命若者を育てていたのではなかったか、と思う。「正しい笑い」と、マルセ太郎は言い、それを判断できる人であれ、と教えていた。語ることに生きている芸人であるからこそ、ことばの危うさや怖さに敏感で、ことばの裏側に潜んでいる正しさや貧しさを嗅ぎ分ける。

マルセ太郎は美しく生きることを愛した人でもあった。そして、わたしたちに美しく生きようとすることの美しさを伝えていたように思う。きみたちもがんばれと、そんな馬鹿正直は言わない。笑いの中に、語りの中に、そのエッセンスはちりばめられていて、いつの間にやら種がまかれているのである。その種は、笑いと涙で光合成して、きれいな花を咲かせるのだが、うっかり正しくない笑いの光線を当ててしまうと、ヘナヘナと萎れてしまう。

注意深くあれ、「記憶は弱者にあり」。私は光栄にも同じ高校出身で、その高校で「あなたは弱者でしょうか、強者でしょうか」と、日本史の教師が皆に問うたことを忘れられないでいたが、痛みを想像できない人にはなるなと、二つの言葉はいつもわたしに生き方を問うのだ。

庭師のマルセ太郎がいつも鋭い眼光で一粒一粒の行く末を見つめている。社会を見据えたその眼光はいつもわたしたちの傍にあり、そんなん許していいんか、とか、その笑い大丈夫か?とか言っている。いや、もっともっと、怒ったり語ったりしているだろう。わたしたちはその眼光を感じて、こんなところで俯《うつむ》いて通り過ぎるのはよそうと踏ん張り、怒りを押し出し、本当に強い人になるためにことばを発する。不死身のヒーロー、いや不死身の芸人マルセ太郎は、そんな私たちの傍にいて、彼に憧れる人々を励ましながらやっぱり生きているのだ。

鳴海八重子（教員・大阪府）

『奇病の人』の中で、「アートキャンプ白州のこと」として書いているように、ダンサーの田中泯らが中心となって毎年夏に開かれていたこの催しを、マルセはことのほか楽しみにしていた。出演を依頼される前から、夏休みとしてその期間は仕事を入れないようにと所属事務所に伝えていたほどだ。

彼女は学生の頃からボランティアスタッフとして関わっていた。

マルセ太郎亡きあと、会議でマルセが背後に蘇ることがあると言う。

マルセの『君が代』コントのオチは、「『ご起立願います』という掛け声がなくとも、民衆から自然と沸きあがり口ずさむような〝国歌〟が生まれるまでは、当分の間『東京音頭』で我慢しましょう」だが、ここに『日の丸』についての話が挿入されたことがある。国旗国歌法が成立する直前のこと、それまで頑なに反対してきた政治政党、組合組織が〝妥協〟していくことに我慢ならず、こう付け加えたのである。

たとえばケーキを二人で半分にして分け合うとき、「私甘いものに目がないの」と言われたら、「しょうがないな、じゃあもう少しとっていいよ」ということはある。

しかし、「あなた私のこと、どれくらい愛している?」と聞かれ、手を肩幅くらいにし、「これぐらいかな」と答えたとする。すると、彼女が頭《かぶり》を振り両手を思いっきり広げて、「これぐらい愛してくれなくちゃー、いやー」と返す。そこで、その中間ぐらいの広さに手を広げ、「そこまでは無理だよ。これくらいでゆるしてくれよ」なんて言うだろうか。

つまり、量の妥協はあっても、質の妥協はありえない。

だったら、日の丸も、量で妥協してみてはどうか。日の丸を半分にした〝国旗〟とする。タイトルは「沈みゆくニッポン」。

ここでどっと客席から笑いが起こるのが常なのに、ある会場では水を打ったように静まり返ってしまった。日教組主催の集まりである。このときのことを苦虫を潰してマルセは周囲に語っていた。

話を戻そう。

彼女は、会議で孤軍奮闘した結果、意に反することを引き受けなければならない時に、「これはマルセさんの言っていた量の妥協だろうか」と逡巡するという。質の妥協は決してしたくない。そうやって死してなお叱咤激励してくれる存在だから、彼女のなかでマルセはいまも生き続けているのだとも。

Be動詞の哲学

藤井光政

芸人魂、その人そのものであり、観る者に感動を与えるもの、それがマルセ太郎の芸でした。私が初めてマルセに出会ったのは、熱烈な中毒患者の主催するスクリーンのない映画『泥の河』を観た時でした。同僚に誘われちょっとした好奇心から出掛けたのですが、たちまちその虜になってしまいました。映画がだんだん進むにつれて、いつの間にか映画の情景が頭に浮かんでくるのです。小栗康平のものは観ていないのに、マルセの語りを通して出来上ってくる情景は、無限の宇宙空間に拡がる創造的なスクリーンであり、その魔術的な芸に驚き、感動してしまったのです。何と凄い芸人かと、それ以来ファンになってしまいました。

その偉大なるマルセ太郎が、我が阿木中学校（岐阜県中津川市）で話をしてくださることになったのです。昼間は夜の公演のための休養の時間であったはずですが、無理にお願いし実現しました。

マルセ太郎は、やるからには自分の考えを生徒たちにぶつけてやろう、生徒たちの心を揺さぶってやろうと思われたのでしょう。全校生徒を前にして、「君たちの前で芸はやらぬ、哲学の授業をやる。」と前置きし、「君たちは英語のBe動詞の意味は何か知っているか」という問いかけから始めました。その哲学の核心は、Be動詞への自信を持てというものでした。Beは存在を意味するものであり、「私は存在する」「あなたは存在する」である。すなわち存在することへの自信を持てということです。他人と比較して優越感に浸る自信ではなく、自分がここに存在し、生きていることに自信を持ち、同時にお互いの存在を認め合うことの大切さを説かれたのです。

独特な表情と語り、それに聞き入る生徒の姿、それは感動的な特別授業でした。この時の様子はＮＨＫ・ＢＳ１の日曜スペシャル「生き様を演じる〜マルセ太郎の芸人魂〜」で後日放映されました。

マルセ太郎は、本当はもっと多くの日本人にBe動詞への自信を持てと言いたかったのではないでしょうか。これはマルセが主張しておられた考えであり、心情の表れだったような気がします。「記憶は弱者にあり」と常々言っておられましたが、はき違えた自信が世の中をおかしくしているのです。

今の日本のありさまを見る時、マルセの心の中には怒りとやるせなさが渦巻いていたのではないかと思います。中国や朝鮮に侵略し、相手国の人々を苦しめたことを反省することもなく、反対にそれを正当化しようとする愛国者?を厳しく批判しておられました。今、もし生きておられたら、日本が平和憲法から遠ざかろうしている気配に痛烈な鉄槌を下されることと思います。

昨今の為政者の腐敗ぶり、またそうした為政者をはびこらせてしまう国民の愚かさ、これらすべてBe動詞への自信のなさの表れではないでしょうか。このBe動詞の哲学には、マルセ太郎の叫びが込められているような気がします。

私はこの哲学に心を打たれ、校庭の池に「Be動詞の噴水」を作りました。見る人たちが、何だろうと問い掛けてくれることを願って。

泳ぐ錦鯉の上に美しい水しぶきが舞っております。

藤井光政（元中学校校長・岐阜県）

もともと美術教師だったからか、手先の器用さを生かして学校の池にBeの碑・噴水を作ってしまった。そんな愉快なことが日本の公教育の現場で起こるなんて、ここでもマルセの言う「個だよ、個」という言葉を実感する。

マルセは学校公演が好きではなかった。特に田舎に行けば行くほど、「指導」が行き届き、一糸乱れず行進して着席する生徒たちからは、機械的な拍手以外、反応が見られない。おまけに終演後、静粛に鑑賞する生徒自慢を校長からされる始末。

しかし、Be動詞の噴水を作るような、粋な校長がいる学校というのは、生徒たちにも活気がある。周りを気にせず、積極的に発言する。それを受けて、マルセがノリに乗って話していたであろうことが目に浮かぶ。

後日、授業を受けた生徒の一人が中日新聞へ投書した。「誤った自信はいじめを生む、いままでの自分の『自信』は本物かどうか、確かめてみようと思った」と書かれてあった。

私に問いかけ　十二年前の手紙

小川なつき

先日、母が「こんなものが出てきたよ」と古ぼけた封筒を差し出した。故マルセ太郎さんからの手紙だった。十二年ほど前、マルセさんのお芝居を母と見に行き、その感想を書いて出したら、返事をくださった。

「がっこうのべんきょうもがんばってください。べんきょうをがんばるのはひとにかつことではありません。おとなになったとき、よわいひとのたちばにたってものごとをかんがえるようになるためです。つよいということは、よわいものをいじめることではなく、よわいひとのためにたたかえることです。つよくやさしいひとになるため、べんきょうしてください」

当時七歳だった私にはよくわからなかったが、今読み返してみて、とても考えさせられた。

私は今受験生で、がむしゃらに勉強している。しかし何を目標に勉強しているのだろう。弱い人のためだろうか。大学に入り、自分の夢をかなえるためだけではないだろうか。果たして、それでいいのだろうか。

マルセさんは、十二年越しに私に問いかけている。

（二〇〇二年一月十日付　朝日新聞朝刊「声」欄への投書より）

小川なつき（高校生・宮崎県）

宮崎での公演のあと帰宅したマルセが、「しっかりした小学生だったなー、楽屋にお母さんと一緒に来てくれて」と感心して話していたことを覚えている。

この投書には当時もその後も数多くの反響があった。ある教員は、「強くやさしい人になるための教育」を学校に期待すると読み取り、背筋を正したという声を寄せてくれた。

本書の編集時に連絡した際、現在二児の母となった彼女から、「毎日子育てに奔走しています。久しぶりに二十年前の自分の投書を見返して、自分の子どもたちにもいつかマルセさんの思いが伝えられればいいなと思いました」と嬉しい返信が届いた。

Be動詞——中学生のみなさんへ

マルセ太郎

僕は一九三三年生まれですから、中学生になったのは敗戦の翌年でした。

生まれ育ったのは大阪です。戦争による焼け跡の中、食べ物に不自由していた頃でしたが、それでも中学生になった喜びがありました。電車で通学するため、定期券をもつのがえらく嬉しかったのを覚えています。科目別に先生が変ることや、小学校ではクラスを、一組、二組といっていたのが、A組、B組という、つまらないことまで、何か未知の世界がひろがっていくように思えたものです。

中でも英語が習えることに、わくわくする期待感がありました。しかしこの期待感はすぐに挫折しました。やはり難しかったのです。

僕らは単純に、英語の単語さえ覚えれば、それをそのまま日本語とおきかえて、英語ができるものと思いこんでいたのです。君たちもそうでしたか。ところが知っての通り、アムとか、アーとか、イズという、つまり「Be動詞」が変化することや、他《ほか》にもややこしいことが多くでてきます。どうして、アムならアムだけで統一しないのか。僕たちを〝勉強〟させるため、わざと面倒にしているのではないかと思ったほどです。

Be動詞というのは何なのでしょう。僕らは英文のamの下に、「デス」と仮名をふって日本語に訳していました。現在《いま》でも「デス」と教えらえているのですか。

大人になってから考えました。あれを「デス」と教えてはいけないのです。大切なことは、Be動詞を、日本語にはないのだということを、まず教えるべきです。

ではBe動詞とは何か。「存在」なのです。アイアム。

私は存在している、ということです。

有名なシェークスピアの劇、「ハムレット」に出てくる台詞《セリフ》があります。"To be or not to be."生きるべきか、死ぬべきか。"to be"で、生きることを意味しています。つまり存在することが生きることなのです。

日本人は長い歴史の間、「存在」という概念をもたなかった。それはなぜかという意見は長くなりますから、ここでは省きます。だからBe動詞にあたる言葉がないのです。

話を急転回します。よくみなさんは、自信をもて、と教えられていませんか。ことにスポーツの世界では、指導者たちが、自信ということを強調します。先生も親も、上に立つ人は、何かというと自信をもてとあおります。もしかしてみなさんも、自信をもつことが正しいものと、受け入れているのではありませんか。

自信て何でしょう。僕は嫌いです。むしろ害悪だとさえ思っています。なぜなら、それは他と比較する上で成り立っているからです。彼には負けない自信がある。この中では一番になる自信があるとか、すべて競争の論理で成り立っています。

こういう自信は、他を差別する優越感にひたり、また逆に、理由のない劣等感に落ち込んだりするのが常です。

それでは自信は必要ないのか。そんなことはありません。生きるために大いに必要なことです。そこで言いたいことは、「Be動詞」への自信をもつことです。

アイアム。アムへの自信です。私は存在しているのだ、ということの自信です。ですから他の存在も認められるのです。ユーアー。あなたは存在している。ヒーイズ。彼は存在している。ここに優劣の比較はありません。負けない自信なんて、くそ食らえです。

フランス映画『仕立て屋の恋』の中で、アパート中の住人から嫌われている主人公に、刑事が訊きます。

「お前はなんだって、みんなから嫌われているんだ」

主人公は答えます。

「わたしも、あの人たちが嫌いです」

これがBe動詞への自信です。

※週刊金曜日　金曜日エッセイ掲載（一九九六年七月十九日）

素顔に迫る

お父ちゃん

小汲和子

私がマルセ太郎さんに出会ったのは、一九七二年、マルセさんの次男・竜介君が小学校一年生になった年でした。一年四組の担任が私だったのです。

お兄ちゃんは、しっかり者の「長男」ですが、竜介君は全くの「次男」で、教室内でもハス（斜め）にものを見つめ、「うん、こうだからこうなるんだ！」とまず考えてから行動するようなちょっとシャイな男の子でした。

必要なこと以外はほとんどしゃべらない竜介君が時々、そばに寄って来て「先生、お父ちゃんがねえ……」と話をする時の顔、お父さんをこよなく尊敬し、絶対の信頼を寄せていなくては、この素晴らしい顔は生まれない、どんなお父さんなんだろうといろいろ想像しました。

その竜介君のことを「将来は総理大臣級の大物か、または路線が狂ったらヤクザの親分……」と評したことがマルセさんとの結び付きの始まりでした。それでも、まだ一度もお会いしたことはなく、竜介君の「お父ちゃん」からあれこれ想像してみました。運動会で、「お父ちゃんがいる！」との竜介君の声で、離れて見ていらしたマルセさんを見つけ、その眼光の鋭さ、研ぎ澄まされたような風貌にドキッとしたことを覚えています。

その後も参観日にも保護者会にも時間が取れると出席され、若いお母さん方の声にもじっと耳を傾け、そしてトツトツとマルセ節で担任を助けるような発言をしてくださったものです。

そして二年生の三月、担任終了のころ、当時はまだそんなに普及していなかった小型のテープレコーダーを肩に掛け、「先生、ちょっと時間をください」と面白おかしく子どもたちの中に入ってクラス全員一人一人の声を録音し、「先生、記念品！」とテープをプレゼントしてくださいました。

それから約十年たったころ、「先生、ちょっと相談があるんですが……」と電話がかかってきました。竜介君が高校でトラブルを起こし、学校に呼び出されているとのこと。「先生、どうしたらいいんだろう」と、いつになく弱々しい声でした。話を聞いてみると、竜介君に非はない様子。「お父ちゃん、竜介が悪いんじゃないと信じているんなら、先生と堂々とわたり合ってくれれば……」と言うと、「そうだよね、学校と言われるとどうも弱くてね、よし、頑張ってくるぜ先生！」と、いつものお父ちゃんになっていました。後でうかがうと、このことから竜介君は弁護士の道に進まれたとか。

有名になられても「先生、先生」「お父ちゃん、お父ちゃん」とお付き合いしてくださいました。亡くなられた年の年賀状に「長男の所の孫がもうすぐ一年生になります。竜介の一年生のころが思い出されます」と、あの風格のある字で書かれていました。竜介君たちを見守ってきたあのまなざしで、今度はお孫さんを見ておられるのだなあと思っています。

お父ちゃん、孫は子ども以上にかわいいもの。もう少し生きて、一年生の姿を見てほしかったです。

小汲和子（元小学校教諭・東京都）

次男・竜介の小学校一、二年時の担任。竜介を含め、その当時の子どもたちが夢中になっていた怪獣の名を全て覚えていた。マルセはそうしたことにも感嘆し、信頼は厚かった。

ある日の保護者懇談会のこと。何か質問はないかとの問いかけに、いかにも教育ママぜんとした女性が、「先生、子どもにはどんな本を読ませればいいのでしょうか？　それともやはり、世界の名作のようなものがいいのでしょうか？」と発言した。小汲が答えるより先にマルセがこう切り返す。

「あなた、それは質問しているんじゃないんですよ。自分は子どものことを考える良い母親だって言いたいだけなんだ」

元祖ＫＹ、空気を読まない男ここにあり。

学校の保護者会に顔を出す、いまも昔もそんな昼さなかに出席する父親というだけでも目立つのに、あえて言わずにはおられない性格は、舞台を離れても同じだった。

私の師匠

マルセまゆみ

入ったばかりの事務所の社長に「マルセさんに一回観てもらいな」と言われていたので、友人を誘い、渋谷ジァン・ジァンの満員の客席に座りました。子どものころからのお笑いオタクの私は、もちろんマルセさんのことは知っていましたが、テレビで観た猿の形態模写は、何だかリアルであまり笑えなかった記憶がありました。

永六輔さんの司会でいよいよマルセさんが登場し、次々と「お笑い十八番」を演《や》っていきましたが、私はただもうお口あんぐり、「なんじゃこりゃー」の状態でした。「スゴイ、面白すぎる、最高!! こんなすごい人がいたのかー」。テレビのお笑い番組オタクの私にとって、マルセさんのお笑い芸は観たことのない、ものすごい衝撃でした。新鮮で強烈なショックでした。

その後、マルセさんの経営するスナック「人力車」にごあいさつに行きました。マルセさんは不在で、ママが一人で氷を割っていました。あんな大師匠の奥さんだからどんな恐い人だろうと緊張していると、「ああどうもねー、太郎さんね、まだ帰ってきてないのよ、ゴメンネー」と近所のくだけたオバチャン風で、それまでの緊張がいっぺんに解けてしまいました。マルセさんがあのちょっとはにかんだ顔で姿をあらわしました。あとはマルセさんの独壇場です。十分位して、私はかろうじて先日のジァン・ジァンの舞台に大変感動したことを伝えたような気がします。きちんと「弟子にしてください」とお願いしたかどうかも覚えていません。ただ、マルセさんが帰りがけに「またお店へ遊びにおいで」と言われたことは覚えています。

後日、「真弓を弟子にしたのは、早稲田の政経学部を出ているからだ。僕は案外ブランドに弱いからな」とよくおっしゃっていたようですが、本当のところは違うと思います。事務所のスタッフから、「真弓が僕の作品には愛があると言ってくれたんだ」とうれしそうに話していたというのを聞きました。B型で「自分のことを好きな人が好き」という、とてもわかりやすい師匠でしたし、きっとそれで弟子にしてくださったんだと思います。

何度かお店に足を運ぶようになり、楽屋でお手伝いをさせていただいたりしている頃、ポツリと、「真弓ちゃん、僕のこと師匠って呼ぶのやめなさい、マルセさんでいいから」と照れ臭そうにおっしゃり、それ以降、私も皆さんと同じように「マルセさん」と親しく呼ばせていただくようになりました。


マルセさんは、およそ「いばる」ということのない人でした。「恐い」と思ったことも正直、一度もありません。ライブのあと、楽屋で後片付けをしている私のカバンを持って、「よかったら、少し飲みに行こうか」とスタスタと歩いて行ってしまう人でした。普通、弟子の荷物を師匠が持つものでしょうか？

何度かお宅に泊まらせていただくこともありました。というか、マルセさんの話が長引いて帰れなくなっちゃうのですが。ある時、娘の梨花ちゃんに、「真弓ちゃんがお風呂に入るから、一回水とりかえて新しいお湯にしてあげなさい」と言い、梨花ちゃんが「大丈夫だよ。まだ一人しか入ってないから、きれいだから」と返したら、いきなり、「なんだお前は‼　ケチなやつだ！」みたいなことを言ってだんだんエスカレートしていき、本気で親子ゲンカをしていました。しかし、だいたい弟子を一番風呂にいれますか？　それも、そんなことからすごい親子ゲンカに発展しますか？　私は表面は恐縮そうな顔をしながら、ふき出しそうになるのを懸命にこらえていました。

当時、私は増渕正子さんと組んで『エンジェル』というコンビ名で活動していましたが、ライブでは、よくマルセさんの話をネタにしました。例えば、「マルセさん、最近、テレビによく出てきましたねー」「そうですね」「例えばＴＢＳの『新伍のおまちどうさま』、そして『新伍のおまちどうさま』、でもって『新伍のおまちどうさま』」「って、それだけじゃないか?」、また、「マルセさん、この間貸した千円返してください」「えっ?(マルセさんの真似で)」「あのー、この間貸した千円返して……」「えっ? 何?」「あの、千円……」「ちょっと聞こえない」「あ、ところで今日の『泥の河』最高でしたね」「そうだろう、あのでんぐり返しは感動するだろう」「って、聞こえてんじゃねえか!」などなど。よくもまあ、師匠をコケにしたネタをやっていましたが、決して怒られませんでした。

しかし、私たちのライブでのビデオ出演をお願いした時、「彼女たちは、きれいだからいい(顔じゃなくて)。頭もいい。これはお笑いをやる者にとって一番大切なことだ。ただ一ついけないことがある。それは僕を師匠に選んだことだ。だいたい、僕を面白がってついてくる奴で、売れたのは一人もいない。うれない。これがうれない。絶対売れない」の、うれない三連発で見事に仕返しされてしまいました。で、これは確かに予言通りになっていますが……。

ここで、マルセさんの笑える実話をいくつか紹介したいと思います。

●私の結婚式で仲人をお願いしました。「初めてだしなあ、大丈夫かなあ」といっていたのに、当日の仲人のあいさつで、だんだん話しているうちに笑いが欲しくなり、しまいには漫談になってしまい、笑いをとって満足して、「誰かまた仲人頼んでこないかなあ」って、仲人が寄席芸やるなっつうの!

●「昔みた韓国の問答形式の漫才が面白かったよ」と、その芸をひとしきり説明して、「これ真弓ちゃんたちにあげるからね、やってごらん」といったその日の舞台で、自分がそのネタをやるなっつうの!

●白州で、マルセさんの前座として私たちが出演させていただきましたが、全くうけず、楽屋で落ち込んでいると、マルセさんがやってきて、「真弓、あんなんじゃだめだ」と言ったので、私が「わかってんのよ！」といわんばかりにドアをバン!!と閉めて出ていったら（って、どんな弟子だよ）、少したって、隣にいた私たちの部屋のドアをコンコンとたたき、「今日のギャラだよ」と私と相方に一万円ずつもってきてくれました。普通、師匠が弟子のご機嫌伺いにくるかっつうの。それも身銭をきって（多分）。

●ジァン・ジァンの帰り、たまたま飲みにいった店で、マルセさんとSさんという芸人さんが酒の席でちょっとした行き違いから口論になり、最初とめていた私もだんだん興奮してきて、「マルセさんに向かってそういうこと言うな!! あんたがそんな偉い芸人かっ。大した芸もない癖に」みたいな、今考えると相当先輩に対して失礼なことを言ってきれたことがありました。

後日、梨花ちゃんから、「真弓は恐いなあ。横浜（出身）で港が近いから、あんなに気が荒いのかなあ」と、自分のことは棚にあげて、私のことを言っていたと聞きました。一体、誰のケンカだったのよぉ、もう！ それも今思い出すと、マルセさんが「警察官はろくな奴がいない」というのに対して、「いや、中にはいい人もいますよ」が発端でした。そんなことぐらいで大ゲンカに発展させるなっつうの！

●マルセさんの独演会の帰り、本人としては出来がよくなかったようで、一緒に乗ったタクシーの中で、さんざん「ウワァーッ」とか「クソッ」とかわめいていましたが、しまいに、「真弓、ほめてくれ。どこかいいところをみつけてほめることができるのも、お笑いの才能だぞ」「ほめられない奴はダメだっ」「そんな奴は、お笑いにむいていない、ダメだっ」「ダメだ!!」て私に矛先を向けるなっつうの！

等々、相当面白い人でした。でも、ただそんな面だけではありませんでした。

『エンジェル』当時、ほぼ同期の漫才やコントの仲間がどんどん売れていく中で、自分たちだけが取り残された気がして、私はマルセさんに問いつめていました。「一体、何が足りないんでしょうか？」とくさっている私に、「真弓ちゃんは自信をもつことだよ。足りないのは自信だ。今、売れている人間がどれだけのもんか？　その程度で満足するのかってことだよ」とおっしゃいました。その時は、「私は自分のお笑いのセンスに自信をもっている」と生意気にも思っていましたから、「ハイ」と言いながらも、マルセさんの本当に言わんとしたところはまるで理解できていませんでした。じわじわとその意味がわかってきたのはごく最近です。マルセさんが亡くなってしばらく経ってからです。去年（二〇〇一年）の秋より「マルセまゆみまさこ」と名を継がせていただき、再び増渕さんと漫才の活動をするようになってからです。結局、「Be動詞」のことだったんだなと。人からの評価ばかり気にして、テレビに出ていない、売れない、ということだけで、実際は自分を認めていなかったんだ。一番認めてあげるべき人は自分なのに、まわりのお笑いの人との比較ばかりして、自分がなかったんだということに気づきました。マルセ太郎を師匠に選んだ自分の確かな目、それだけで自信をもつのに十分ではありませんか。

そして、マルセさんは究極的には「何のためにお笑いをやるのか」を言ってらしたのだ。人との競争でもない、お金持ちになる為でもなく、有名になる為でもなく、少々照れますが、「愛を表現する為」だと、おっしゃりたかったんだと思います。

でもマルセさんは決して聖人ではなく、おだてにのりやすかったり、照れ屋だったり、また、すぐ怒ったりする清濁あわせもつ（のむ、ではなく）人でした。だからこそ、とても人間くさい魅力的な人でした。人の弱さを笑って認める優しさも、もっていました。

亡くなった数日後、女優の矢野陽子さんとマルセさんの話をしました。「人間は自分の人生に劇的な影響を与える人に、一生のうち五人は会えるんだって」と矢野さんが言い、二人とも「マルセさんは絶対そのうちの一人だよね。」と納得しあいました。きっと、マルセさんを「五人のうちの一人」に数える人は多いのではないでしょうか。

幸せでしたね、マルセさん。この頃、マルセさんは聖書にある「一粒の麦」だとよく思います。生存中はもちろんたくさんの感動を与えてくださいましたが、亡くなった後の方が、より一層大きな影響を与え続けている気がします。親しかった芸人や役者、スタッフ、そして多くのファンの人たちのその後の生き方に大きな種をまいていってくれました。それぞれの人生を、それぞれの方法で皆が生き始めている気がします。そして、その種をどう育てていくかは、今後の私たちの手にゆだねていらっしゃる気がします。

ありがとうマルセさん。でも、本当は生きてて欲しかった。

マルセまゆみ（お笑い芸人・マルセ太郎弟子・神奈川県）

マルセ太郎に師匠はいない。影響されたのは、芸名の由来であるマルセル・マルソーや和っちゃん先生ことボードビリアンの泉和助（『芸人魂』に詳しい）などだが、誰かの下について教えを乞うたことはない。

だからということでもないが、弟子はとらない主義であった。落語のような古典芸能としての笑いならまだしも、自身がやっている芸は誰かに継ぐものではないと思っていた。そのうえ、芸能界の師弟関係を傍で見ていて心地よく思っていない節もあった。

という訳で、縁あって弟子となった千葉真弓（マルセの死後に改名）に対して、一般に想像されるような師匠としてのふるまいをしたことはなかった。親戚のおじさん、くらいの立ち位置であったと思う。

現在彼女は牧師（「主イエスの恵み教会」茅ヶ崎市）になり、お笑い伝道者として活躍中。明治学院大学チャペル等で、マルセについても語りながら、福音を伝えている。

今も追っかけ

船戸咲子

一九九五年一月二十八日の日記に「マルセ太郎退院の予定」と記されてある。というのも、「つめくさ」保育所の行事計画に『泥の河』の上演が一月十七日に予定されていたのだが、緊急入院のため五月十七日に延期となっていたからだ。マルセ太郎さんの病気を心配することがここから始まったのだった。

一九九四年、NHK教育テレビ・芸術劇場でマルセさんの『泥の河』を観た夜、ねむれぬ感動を覚え、わたしたちの作った保育所にこの人こそ必要な人として、わたしの中に生きつづけることとなる。

そして、一九九六年三月三日、小さな保育所「つめくさ」に快くおいでくださり、夜が更けるのも忘れ語ってくれた。マルセさんは舞台だけの芸人ではなかった。マルセ太郎の存在するところすべて舞台であった。黒布をバックにし椅子ひとつ置いただけの床を桧舞台にしてしまう。上演された『生きる』や『息子』でのマルセ太郎の眼差し、指の先、語る声は、集った人々を虜にした。

また、群馬県母親大会の実行委員をしていたわたしは、是非マルセ太郎の哲学を群馬の母親たちにと考え、実現することができた。

演題は「マルセ太郎のBe動詞」。個の自由なしに民主主義はなりたたない、ひとりひとりが自分のことばで語っているか、個の存在を大事にしているか、という内容の語りは、クーラーのない会館で満席の聴衆の肩のうごきをとめるほど密度の濃いものであった。現代の日本の風刺あり笑いありの話に、群馬にもマルセ太郎中毒患者が出はじめた。

その日は開演前に高崎駅ビルにある和食の店で昼食をしてもらうことになっていたので、わたしが同行させてもらった。

「僕はね、外に出たとき、いつもおいしいコーヒー屋へ寄るんだよ。コーヒー飲むと、旅をしているという気分になるんだ」と少年のように言うのである。わたしもそう思う。

店内でマルセさんの語りがはじまる。もう今日の舞台は、はじまっている。フランス革命や君が代問題、ラ・マルセイエーズを歌い、食べながらの話は尽きることを知らない。

そしてまた、ひとつひとつ運ばれてくる料理をマルセさんが素早く食べることにびっくりする。食べながら語る早わざの特技をもっている。話を聴くのに夢中になって箸をうごかすのを忘れているわたしなどには到底追いつけない。病気のことなど全く気にしないように見えた。

でもそうではないのだという ことが、その後わたし自身が乳癌の全摘出手術をしてわかった。ガンを病む者は死と向きあうことが身についている。だからこそ真に充実した日を送りたいと思うのだ。

マルセさんは、あのするどいまなこの奥にやさしい眼差しをいつもただよわせていた。

わたしへの手紙はいつも勇気づけてくれるやさしい便りだった。

「乳がんの手術を受けられたそうですがご心配ありませんよ。よしや最悪の将来転移があったとしても十年はもちます。『花咲く家の物語』のモデルになった康子さんは三十三才という若さで乳がんに冒されても若い人ほどがんの進行が早いにもかかわらず結果として十年生存できたのです。転移があってそうですから、なければ治ったわけでどうか楽観なさってください。『花咲く――』に出演した斉藤昌子さんも食道がんで治療をうけているのです。がんにかかることでこれからの人生が充実していくのだとお考えください」

「船戸さんも病気を怖れず、日々楽しんでください」

このような手紙をいただき、どんなに心安らいだことだろう。

マルセ太郎さん「ありがとう」

マルセさんは、わたしの生きる支えだった。

『花咲く家の物語』を群馬県境文化センターで主催した次の日、秩父会館まで出かけていったわたしに、「ふなとさん追っかけかい」と言う。「はい、追っかけです」と笑いあった。

わたしの中には今もマルセ太郎追っかけの心は生きている。

船戸咲子（元小学校教員のち保育所運営・群馬県）

群馬県での『花咲く家の物語』が好評を博したことは、マルセの大きな自信となる。知的障がい者が主人公の話だっただけに、当事者やその家族たちに受けいれられなかったら、他でどんなに評判が良くても作品として失敗だと言っていた。

船戸らが主催したこの公演では、当事者家族たちがスタッフの中心にいた。彼らからの賛辞や、「こういう作品《もの》を求めていた」とアンケートに書かれていたことに、ほっと胸を撫でおろしたマルセである。

教員時代子ども一人ひとりの内面に寄り添い、「集団での学び」を実践研究していた彼女だからこそ、マルセの演じるきっちゃんとのぶちゃんの友情に、より一層心を打たれたのだろう。画面越しでも伝わるものがあり、はじまった縁だと思うと、テレビもあながち捨てたものじゃない。

※母親大会……一九五四年米国の水爆実験（ビキニ環礁）に平塚らいてふらが抗議。翌五五年「世界母親大会」を開催するに先立ち、東京にて第一回日本母親大会が開かれた。世界大会は、短命に終わったが、日本では反核平和を求める女性運動を基盤として発展し、二〇二〇年時点の参加団体は、全国四十七都道府県実行委員会と、五十の中央団体の計九十七団体があるという。

腰痛裁判へのエール

西垣博

マルセさんとの出会いは、今から十八年前（一九八五年）です。当時、私は京都の丹後養護学校に勤めていました。何かの雑誌を見てマルセさんというすごい芸人がいることを知り、大阪の劇場に足を運びました。その時は、『泥の河』を観ました。もう感動して涙がでました。これほどすごい芸人がいたことにショックを受けました。彼の芸は、「よしもと」の芸とは違い、人をばかにしたりたたいたりして笑わせるのではなく、まわりにある日常の生活や自分の体験を元にして笑わせるという質の高い笑いでした。どうして彼の芸が世の中に認められないのかふしぎでした。でも逆にテレビに出ない方がいいと思いました。

そんなマルセさんにお会いしてお願いしたのは、丹波養護学校の近くにある「あけぼの学園」という施設の開所記念行事に来てほしいということです。八木町の町民ホールで『泥の河』を、重い障害者の方に観てもらいました。マルセさんも障害者の方の前で演じるのは、初めてということもあり、非常に緊張したと言っておられました。当日の公演前に「西垣君、何か配慮することはないか」と心配そうに聞かれたので、「何も配慮することはありません。いつも通りにやってください」と言いました。その通りマルセさんは演じ、障害者の仲間も真剣に観て、最後の場面では涙を流す子もいました。さすがマルセさんだと思いました。このときの話は、『奇病の人』に書かれています。

それ以来マルセさんとはずっと付き合いが続き、最後の最後まで私たち夫婦にもすばらしいご尽力をいただきました。それは、私の妻の腰痛裁判闘争の応援者の一人となっていただいたことです。その裁判とは、全国で二例目の闘いであり、全国の養護学校や障害児学校で働く教職員はもちろんのこと、多くの人々を激励するものでした。

妻は一九八五年の六月に背腰痛症のため病気休暇を取り約半年間苦しめられました。その後もひどい腰痛に悩まされ、公務災害を訴えましたが、すべて棄却されました。当時、腰痛症で苦しんでおられる先生方はたくさんいましたが、公務としては認められませんでした。そこで、私たちは京都府を相手に闘うことを決意しました。約十三年間にわたる長いものです。その支援者の一人としてマルセさんに力を貸してもらいました。裁判をする前はとても勝てるとは思いませんでした。でも裁判の過程で、おかしいことがいっぱいわかってきました。

マルセさんの応援の言葉を紹介します。「いかなるハンディキャップを持つ人たちにも、幸福になるため、自由と平等の権利が憲法によって保障されています。それを行うのが行政府の義務です。養護学校で働く人たちが安心して働ける環境をつくることも、当然の義務であります。お情けですることではありません。公務災害を認めようとしない役人に憤りを感じています。私は今回の訴訟を支援します」

そして、西垣腰痛裁判の二回目の総会に駆けつけ、公演をしてくださったのです。一九九八年六月二十八日でした。体の具合も悪かったかと思いますが、わざわざ東京から京都の八木町まで来ていただいたのです。こんな芸人がどこにいるというのでしょうか。苦しい闘いをしている私たちを逆に励ましていただき、本当に涙が出ました。

その時、マルセさんは「ぼくは今の一秒一秒が大切なんだ。今、全力で生きてるんだ」と言っておられました。そして、一九九九年十二月八日に判決が出て、みごと勝訴することができました。マルセさんからお祝いのメッセージが届きました。「民主主義の原則！　当然の勝訴ながら心よりお喜び申し上げます。皆さんよくがんばってくれました。行政側が敗訴した場合、控訴しないことが、民主主義の原則です。十二月十一日」……ボードビリアン　マルセ太郎
本当にうれしかったです。マルセさんと出会えたことは本当に幸せだったと思います。こんなすばらしい芸人はきっとどこにもいないでしょう。マルセさんありがとう！

西垣博（養護学校教諭・京都府）

芸人マルセ太郎にとっての一番の関心ごとは、言うまでもなく目の前にいる観客に「受ける」ことだった。

この京都での会もそうだった。

しかし、何も配慮することはないと聞かされても、いつも通りに演じるだけで果たして彼らに「わかる」のだろうか、という不安と疑心は拭いきれなかった。

そして本番、案の定、終始ざわつく客席からは、舞台への集中力を感じることができなかった。そう、ある瞬間までは。

主人公の子ども二人の仲がぐっと近くなる場面を演じるマルセ。

終業の鐘が鳴り、校舎から出てきたのぶちゃんが、校庭で自分の帰りを待ち伏せしていたきっちゃんに驚く。みんなでガキ大将の家にテレビを見に行く約束をしていたため、のぶちゃんは、きっちゃ

んを指さして聞く。

「この子も連れていいっていい?」。

ガキ大将は、みすぼらしい形《なり》をしたきっちゃんを一瞥して、ひとこと言い放つ。「あかん!」

そのときのことだ。

突然、車いすに座っていた前列の男の子が、「悪いやっちゃ、悪いやっちゃ」とガキ大将演じるマルセに睨みをきかせて叫んだのである。それを制するように隣の子が、「だーまぁれ」と不自由な身体で押さえつけようとすると、振り切るように、さらに大きな声で続けた。「あいつ、悪いやっちゃ!」。

このとき不覚にも涙がこぼれ落ちたとマルセは吐露している。重度障がい者だから、いわゆる「知恵遅れ」だから物語を理解できないのではないかと思った自身を恥じた。

日々彼らと接してきた西垣にとっても印象に残る出来事だったろう。

お似合いの民族衣装

崔信子

人は皆、世間体を気にする厄介な動物だと思われるにもかかわらず、マルセさんは自分の考えを、意志を、貫き通した人間だったように思う。

私とマルセさんとの出会いは、映画『在日』上映実行委員会での池田正彦さんとの出会いから始まった。時折、雑誌・新聞などで気になる在日の一人であったマルセさんの芝居を、広島で、しかも池田さんの企画で観られるという。むりやりにご紹介いただいて面談し、広島韓国青年商工会記念式典へのゲスト出演の約束を取り付けたのである。

初対面のマルセさんは舞台上とは違い口数は少なく、むしろ不機嫌さを漂わせる印象であったが、帰京後すぐに一枚のはがきが私の手元に届いた。達筆で「二日続けて観てくださってうれしく思っています。おもしろいということは大切です。またのご縁まで」と記され、裏面には、天を仰ぎ雨を気にする野球審判たちの写真があった。

その文面通り、私たちの主催する公演が広島で実現した。ちなみに演題は「マルセ太郎の我流〝在日〟を語る」。在日社会ではそうそうたるメンバーも多数詰め掛けた前で、直球で攻める、攻める……。自分の生き方に自信のある人だとつくづく思い、感心したのを今でも鮮明に思い出す。

マルセさんが長い芸人生活において、在日組織主催の公演依頼を受けたのは初めてだという。初訪韓した折に買ってきた真新しい民族衣装をその日の公演で初めて着用し、それが妙に似合っていることをマルセさん自身が誇らしげに自慢していたことも、不思議な思い出のひとつである。

マルセさんとの出会いから四年間の短い期間に何度も再会できたのも、ご縁のおかげだと思っている。このご縁を通じて、自分の信念は貫き通すべきだということと、何事も「シンプル・イズ・ベスト」、本物はいつまでも光り輝き続ける、ということを再確認させられた。

崔信子（広島韓国青年商工会事務局長・広島県）

マルセ太郎は、その芸名ゆえに、同じルーツをもつ人たちからも在日朝鮮人だとは思われていないことが多い。初めて同胞団体の前で行ったその講演には、〈生あるうちに血の流れを確かめたい〉という副題がつく。

かつて永六輔は「アジアのラテン、朝鮮の芸能の血があの喋りの芸を完成させた」とマルセを評した。

一九九八年秋、ソウル国際演劇祭に招かれ、父母の古里である済州島へも足を運んだマルセは、「幼いころから故郷は小さな火山の島という印象を抱いていました。車で一時間もあれば十分一周できると思っていたのですが、こんなに大きな島とは思いませんでした。自然の景色があまりに美しくて驚いています」と現地での取材に答えている。

そして一九九九年夏、『イカイノ物語』広島公演では、崔たちのチマチョゴリ姿がロビーを華やかに彩っていた。

トルハルバン（石のおじいさん）

赤阪徳浩

一九九八年の初夏から秋にかけて、マルセさんが韓国の演劇祭に招かれ、両親の故郷・済州島を訪れるまでを取材し、一時間の特集にまとめたのは、実は自分の発案ではない。同じ番組の担当で、ヒューマンドキュメンタリーの制作を目指していた先輩が、マルセさん側に取材の承諾を得た後、思わぬ異動の辞令を受け、個人的に親しかった後輩の私に企画の引き継ぎの話が来た。ある人の生活を追わせてもらう取材では、普通「引き継ぎ」というのはあまりないが、とにかく一度会ってからということで、狛江のお宅を訪ねたのが九八年春。

マルセさんの第一声は「ガンとか、在日とか、そういうことが前面に出てくる企画ならお断りしたい」。実はこちらも望むところだった。六十四年も生きてきた舞台芸人を取材するのに、その出自やら、患った病気だけを中心に据えて人間観察をするほど、こっちも甘い番組制作者ではないという気負いもあった。けれどこの時点で、マルセさんはこちらを全く信用してくれていなかった。それは話していて判った。あ、こいつも〝おいしいとこ取り〟のテレビ屋なんだろうな……。以後は、あまたのマスコミを相手にしてきた〝古狸〟マルセさんの先入観を壊すことを考えての取材となった。

出自や病は主題ではない。芸人としてのマルセさんを洞察するにはこちらの知識が乏しい。何せマルセさんの舞台も見たことがなかった。全国の中毒患者さんたちに鼻で笑われるのがおちだ。ならばマルセさんの〝生きる様子〟を撮ろう。

インタビューは関西弁でいく。私も大阪の出だ。関西人が関西弁に拘泥するというのでなく、この言葉が生の生活人としてのマルセさんの姿を示してくれると思うから。現に最愛の奥さんと話す時のマルセさんは〝ただの大阪のおっさん〟になってしまっているではないか。

取材対象としてのマルセさんは、ただただ手強かった。韓国公演について通訳の青年と自宅で打ち合わせ、という時のこと。お宅にお邪魔したが、マルセさんがいない。青年を駅まで迎えに行ったというのだ。のちに、マルセ公演スタッフの並木さんがこっそり教えてくれた。「普通は出迎えなんかに行く人じゃないんだけど、あの赤阪というディレクターは割に細かいシーンを欲しがるから、こういうシーンも要るだろうって、マルセさんわざわざ駅まで出掛けたんだよ」。こちらの取材の癖を読んで、シーンを演出して〝くれた〟のだ。さすが、名演ですけど、マルセさん、そんな画、ワシら要りまへんで。こういうマルセさんの仕掛けを外して生のマルセさん（金均洚でも、金原正周でも、芸人マルセ太郎でもなく、中毒患者が親しみを込めて呼ぶ時のマルセさん）を掘り出すのが、苦労であり、大きな楽しみだった。この顔は演技か、地か、やりとりの中でいつも考えていた。このあたり、ひょっとしたらマルセさんは読み切っていたのかなと今は思う。ああ、赤阪はこういう顔が欲しいのか、じゃあそういう風でいこうかと……。


岐阜、広島、大阪、山梨。いろいろな旅に同行させてもらって、いよいよ韓国へ。忘れられない場面がいくつもあった。若者が年長者を大切にする韓国の美風をいち早く感じ取り、評価していた。済州島で通りかかった小学校で、子供達の民族音楽と舞踊に見事に溶け込んでいった。「ここが母親が海女として潜っとった海や、やっぱり来てみんといかんね」と語ってくれた……。マルセさん自身、恐らく最も印象的だったのは、初めて会った親戚のお婆さんから「アバン（済州島の方言でお父さんの意味）が顔だけ帰ってきた」と言われたことだったろう。半世紀も前に国を出て行って、日本で亡くなったマルセさんの父親の面ざしをマルセさんに認めてのこの一言は、楔《くさび》のように彼に刺さっていた。「血やね」とマルセさんは言った。自分の顔が紛れもなく血の証しになっていることを実感したマルセさんは、病人でも、芸人でも、在日でもなく、一人の人間だった。

韓国から帰国し、その年の末に番組を放映した後、私には大きな悩みができてしまった。さらにマルセさんを追うドキュメンタリーを作りたい。だが、その願いを申し出た時、マルセさんは問うだろうと思った。「今度はいつまで取材をして放送するんかな？」。マルセさん、あなたの人生の最終章を見届けたいんです、とは口が裂けても言えなかった。それはご家族や、もっと近しい人たちに許されたことだ。折りを見て芝居の楽屋を見舞い、とりとめのない話をしながら、結局一言も言い出せないままに二〇〇一年一月二十二日のあの夜、訃報に接した。

カメラマンの角田武さんと話していた時、この自分の不甲斐なさについて打ち明けてみた。最後までマルセさんをファインダーにとらえていた角田さんは、いつもの柔和な口調をやや強くしてこう言った。こう言ってくれた。「赤阪さんダメだよ、ちゃんと取材お願いしなきゃ。マルセさん、君なら撮らせてくれたかもしれないよ」。そうだろうか？　そうだったろうか？　答えの出るわけのない問いは、恐らく一生頭を離れないだろう。

済州島には民俗的な伝承石像として「トルハルバン」というのがある。帽子を被り、ギョロ目をしたこのおじいさんの石像が、見れば見るほどマルセさんにそっくりだった。韓国の旅の記念にと、土産物屋でそのトルハルバンの小さなやつを買ってマルセさんに送った。小さな石像は、今もマルセさんご自宅の門柱でギョロ目をむいていることと思う。

芸人マルセ太郎を取材できて、幸運だったと喜んでいる。

芸人マルセ太郎を取材仕切れず、残念だと悔やんでいる。

赤阪徳浩（ＴＢＳ「報道特集」ディレクター・東京都）

一九九八年の暮れに放送されたその番組――ＴＢＳ「ＪＮＮ報道特集・『孤高の芸人はガン……特異な芸と故郷探しの旅』」――を、マルセは年明けに上演する芝居のための稽古場で、マルセカンパニーの面々と一緒に見た。

済州島に暮らすマルセの親戚を探しあてたのは彼らだった。テレビ局の情報網は侮れない。おかげでソウル国際演劇祭のみならず、済州島での里帰り公演まで実現した。

「間が持たない役者はすぐに煙草に火をつける」と揶揄していたマルセが、画面のなかではやたらと煙草を吸っている。しかもガン患者であるにもかかわらず。

一方、カメラの前だろうがなんだろうが、いつもと変わらぬ自然体でインタビューに答える妻、良子の存在を赤阪はおもしろがっていた。

韓国のほか、全国各地の公演に四か月間密着取材し、九十時間を超える映像を撮った。それは、先輩から引き継いだ仕事だからというだけではない、短期間に中毒症状が出た表れであったろう。

あの日の朝のお風呂

倉澤典子

亡くなってしばらくして、マルセさんの夢を見た。

夢の中で私は、以前よく遊びに行った時のように、テーブルをはさんでマルセさんと向かい合い、いろんな話を聞いている。

「マルセさん『死』って何ですか」と、私が聞くと、

「『死』というものはですね……」

と、いつものギョロッとした鋭い目と、時々見せる柔らかい表情でこたえてくれる。

そんな夢だった。

はじめてマルセさんの家に行ったのは、友人が「金ちゃん（梨花さん）家に行くと、お父さんの芸が近くで見られて面白いよ」と誘ってくれたのがきっかけだった。

それまで私はマルセさんのことを「金ちゃんのお父さんで芸人さん」というくらいにしか知らなかった。家に行ってまず、家族みんながよく話すのに驚いた。話題はその時々でいろいろだったが、金ちゃんは父親に対して自分の思っていることをストレートにぶつけ、マルセさんも娘に対して同じ姿勢で話す。二人のそばでお母さんは、ほとんどひとり言みたいに、ひとつひとつ頷いたり驚いたりしている。

そんな様子がとても新鮮だった。

その日マルセさんは、次から次へと色んな芸を見せてくれた。私は初めて見る動物の形態模写や外国語のマネなどで大笑いした。

今となってはどうしてその話になったのか思い出せないが、マルセさんは「中学校の英語の教え方、あれじゃあ面白くないですよ」と話しはじめた。

学校での教え方に一度も疑問をもったことがない私は、それまでの芸と一転したマルセさんの話を、ただ聞いていた。

「私だったらこんな風に教えますね。I am、you are、このamやareは日本語にはない、ってね。このBe動詞は日本語にないんですよ」

「自分である、ということなんですがね……」

衝撃的だった。私は話を聞きながら、大泣きしていた。

ちょうどその頃、「自分」について考え始めた頃だったからかもしれない。

そこから先の話に、私は夢中で聞き入った。ふと時計を見ると、朝の四時をまわっていた。あっという間だった。

次の日の朝、目が覚めて居間に行くと、マルセさんはすでに起きていた。金ちゃんが「お風呂に入ってくれれば」と言ってくれたが、遠慮していると、「お父さんが倉澤に入ってもらおうと思って、朝から磨いてたんだよ」と小声で教えてくれた。ちらっとマルセさんを見ると、難しい顔をして新聞を読んでいる。

私は早速入らせてもらうことにした。

湯船につかって周りを見回すと、全てがぴかぴかだった。そこに朝の日の光が差し込んでくるのが心地良くて、しばらくボーッとしていた。ふと、マルセさんがこのお風呂場を私のために、と磨いている様子が目に浮んだ。

しあわせだ……と思った。

その後、舞台や著作物を通してマルセさんの魅力にどんどん惹きつけられていったが、今マルセさんのことを思う時、まず私の頭に浮ぶのは、あの日の朝のお風呂のことだ。

いつもはマルセさんの話を聞く側だった私だが、次に夢で会えた時には、その時の私の気持ちをじっくり聞いてもらいたいと思っている。

倉澤典子（客室乗務員・千葉県）

明るい感激屋さん。マルセ太郎は彼女をこう称した。

マイナー芸人が、中古物件とはいえ都内に念願のマイホームを手に入れたことは、芸人仲間に七不思議の一つとして伝わった。まさしく現代イソップ物語である。（『芸人魂』に詳しい）。多摩川に近い閑静な住宅街の庭付き一軒家。引っ越してすぐ、次男竜介は「海の家に来たみたいだ」と呟いた。

なかでもお金をかけてリフォームした風呂は、とくにマルセのお気に入りであったから、客人が来るたび、その自慢の風呂に入ってもらうことを楽しみにしていた。

自宅で行なった通夜に参列した彼女が、マルセの遺体を前に、「あのとき入ったお風呂がさー、どこもかしこもピカピカだったんだよねー」と大泣きしながら話していたことを思い出す。

マルセ太郎と渡辺先生

尾崎博己

マルセ太郎は本名を金均浄といい、写真に見る通りの厳つい顔をしていた。芸能界で売り出すことの困難な風貌であり、五十歳を越えるまで、地方のキャバレー廻りやスナックのマスターで辛うじて食いつないでいた。しかしそのドサ廻りの生活を通じて、下積み生活を余儀なくされている人びとの人情の機微に触れる機会に恵まれた。その蓄積が彼の芸の土台を形成していった。彼が好んで色紙に書いた「記憶は弱者にあり」という言葉が、彼の芸の本質を象徴していると言えよう。

彼が創案した「スクリーンのない映画館」の中で、彼が最も得意としていた小栗康平監督の『泥の河』に登場する人物も、貧しい弱者ばかりで占められていた。彼は『瀬戸内少年野球団』を批判しながら、この『泥の河』を肯定的に演じた。それが永六輔の目に留まり、マルセ太郎がこの世に出るきっかけとなった。

その意味で永六輔は彼の恩人であるが、彼にはもう一人の恩人があった。高校の時の英語教師の渡辺均二先生である。秋のファイアーストームで、彼はバンカラ気取りで猥歌《わいか》を歌いまくった。次の日の授業の際に渡辺先生が、ご自分の南方における戦時体験についての話をされた。当時の日本軍が土人と言って軽蔑していた現地の人びとには、素晴らしい歌と踊りがあったのに反し、日本の軍隊には将校を含めて猥歌しかなく、何れが野蛮であったかという話を例として、淡々と間接的にユーモアの中で彼をたしなめられたのだ。

その日以来、一生を通じて彼は唯の一度も猥歌を歌わなかったという。それと同時に、彼の人生観の骨子がそこで形成されたのだった。そのことが、還暦を過ぎてから大いに売れ出すという、芸人として極めて希な結果に結びついたといえよう。

ある日のこと、彼は浦和の美術館に招かれて、現代社会について一般市民に講演をした。講演のあと聴衆の一人が、「今の日本を良くするには、どうすれば良いのか」と質問した。小考のあと彼は、「自民党にではなく、共産党に投票することでしょうね」と答えた。彼は共産党とは何の係わりもなかったが、これが長い下積みの芸能生活を通じて、彼が肌で感じた結論であったのだろう。

とにもかくにも、笑いの中で新しい時代の息吹を伝え続けた、新しいタイプの芸人であった。彼の公演に足を運ぶのを楽しみにしておられた渡辺均二先生も、心から哀しんでおられるに違いない。

（高津高校同窓会報第六号より転載）

尾崎博己（会社役員・高津高校同窓生・埼玉県）

母校への愛が強かったマルセだが、何十年もの間、同窓会には一度も顔を出したことがなかった。はじめて出席するため、東京から大阪へ出向いたのは、『スクリーンのない映画館』によって、その名がひそやかにではあるが世間に知られるようになった、五十代半ばを過ぎた頃であった。

美人薄命というが、早逝したと噂があった憧れのマドンナとの再会は無残だった。『天井桟敷の人々』のセリフにあるように、「美と幸福は一致するもの」なのだろう。何十年という、彼女の卒業後の人生がどうであったか、窺《うかが》い知れると言っていた。

そして、歳をとれば皆一様に並ぶものだ、とも。傍から見てうらやましがられるような出世コースを歩いたり、経済的な成功をおさめたりしたとしても、もはや過去のもの。残るのは人格そのものというのか、「いま」をどう生きているかにつきると感慨深げに話していた。

再会を機に、妻や子を伴い劇場へ足繁く通った、彼の穏やかな笑顔や佇《たたず》まいから、経てきた人生の豊かさを思ったマルセである。

一隅を照らす

渡辺均二

太郎さんと筆者、この両名は若いころ三年間一つの釜の飯を食った間柄。場所は大阪府立高津《こうづ》高校。小生（＝英語屋）のほうが偉そうに教え諭す側、太郎さんは専ら辛抱して聴いてくれる側、という関係でした。

「高津」というのは大阪の名門校の一つで、「自由」を標榜して異彩を放っていた存在でした。旧制中学のころは、「東の五中」（元東京府立第五中学）・「西の高津」と並び称せられ、「進学校」ではなく、斬新な試行を重ねる学び舎でした。因《ちな》に、当時五中生は背広を制服として着用、世の注目を浴びておりました。また、高津では「オーラル・メソッド」による英語指導が熱心に行われ、各地から数多くの方が授業参観に見えたりしていました。

太郎さんの入学は戦後のこと。アメリカのお陰で男女共学が実施され、太郎さんも同期の桜もウキウキ・ルンルン。この明るい自然な環境の中で、はじめて自由と平和が謳歌されました。

太郎さんは高三になると、小生のクラスに入りました。その教室は校舎の西南の隅にあり、そのまた西南の隅の席に太郎さんはデンと腰を据えて、とうとう最後までその陣地の占拠を続けました。この特定の一隅は当初、小生には太郎さんの個人用シェルターのように見えていたのですが、徐々にこれは彼専用のブリッジ・ヘッドの観を呈し始めました。それもそのはず、彼はすでに演劇部の強力なキャプテンであり、生徒自治会の中の一国一城の主ともいうべき存在であったのです。彼が執拗にこの座席にこだわるので、こちらも「隅・隅・隅……」とこだわっているうちに、「一隅を照らす」という一句が頭に浮かび、爾来《じらい》、この名句は私の頭の中で常に太郎さんのイメージとオーヴァーラップしており、この一句は私にしては上出来ではないかと、一人でにんまりしている次第であります。

太郎さん著すところの『芸人魂』を読ませてもらいました折の感激は、今でもまざまざと脳裏に焼きついております。「太郎さん、やったぜ!」と心の中で叫びながら、貪るように頁をめくり、読み終えたのは朝の四時半でした。賛嘆・満足・誇らしさ!……日本という歪んだ社会の中で、しかも芸能というキメ細かい世界の中で、素質に恵まれているにしても、よく此処まで遣り遂げたものと感無量。満腔《まんこう》の敬意と祝福を太郎さんに捧げたいと思います。

太郎さんに大きな期待をかけて「あいつはやるぞ!」とよく言っておられた高津の先生方もポツリポツリと鬼籍に入られました。このような方々に今の太郎さんの至芸をぜひ観ていただきたいものと、痛惜の念に堪えません。

この一文を書いたのは一九九四年のこと。この年、広島に移り住んだ小生は、マルセ中毒の会のメンバーのご尽力で、卒業以来四十三年ぶりに太郎さんとの再会を果たすことができました。爾来七年、マルセさんの広島公演の度に、その話術に魅せられ、爽快なる笑いを楽しませてもらいました。自らの癌との闘いをさえ笑いの種にしてしまう太郎さんにエールを送りつつ、同時に多くを教えてもらいました。

太郎さんの訃報に無念と寂寥《せきりょう》の感を深くしましたが、太郎さんが残していかれた宝物を思うとき、心に温《ぬく》もりを覚えます。良き家庭人であった太郎さんと奥様に慈しみ育てられたご子息たち、舞台で活躍される梨花さん……。三人それぞれに、このユニークなオヤジさんの遺志を継いで、正義と公正と平和の実現のために、ご健闘くださるように願っています。

渡辺均二（元高津高等学校英語科教諭・広島県）

『芸人魂』に「渡辺均二先生」と題してマルセが書いたその人である。遠い青春時代の出来事が、記憶を頼りに書いたとは思えぬほど、昨日のことのように鮮明に記されている。

旧制中学から新制高校へ移行した、戦後民主主義一期生として入学し学んだ三年間が、マルセ太郎の芸、および芸人としての生き方に多大な影響を与えたのは間違いない。

『芸人魂』を書いたときには、まさか恩師との再会の日が来るとは思ってもみなかった。成績では劣等生だった自分のことなど覚えていないだろうと思っていたマルセだが、職員室では「隅金《すみきん》」とあだ名されていたことを知り、胸を熱くする。それは「一隅を照らす金（本名金姓で在籍）」という意味だった。

一貫する潔さと勇気

葛西晃

マルセ太郎のコントや喜劇のユーモアについては、今さらうんぬんする必要はなく、ファンの皆さまが熟知されておられる通りである。

それはマルセ太郎の独自性によって貫かれており、他人の模倣やくすぐり、ナンセンスは皆無である。まさにインテリジェンスの裏付けがあるからマンネリに陥らず、彼のプライドが相乗効果となって、上質のコメディを我々にもたらしてくれたのだと思う。

その晩年、この国を代表するコメディアンになりつつある時でも、決して天狗にならず、舞台終了後に楽屋を訪れた時も、明らかに疲労困憊の筈なのに、厭《いや》な顔を見せたことがなかった。そして何よりも筆まめで、はがきから、十数枚におよぶ手紙まで、寄こしてくださった。いずれも論旨明快でかつ名文であった。その文章は、彼の頭脳の中にきちんと下書きが整っているかのように思われた。

その一例を挙げる。

「岡山の病院を退院し、その後のハードな公演のスケジュールをようやっと終え……ちょっときつかったようで、まだ体調は本調子ではなく、ぼうっとしています。いただいたお手紙の『記憶は弱者にあり』のご批判にお返事を書きます。結論的には、私の大いなる誤りでした。あの原爆云々は、弁解の余地なく間違っています。真意はどうであれ、たとえに原爆を持ち出すことは許されることではありません。原爆で亡くなられた霊を冒涜《ぼうとく》するものです。聞き手役の森正さんも『私が編集の段階で気づくべきでした。うかつでした』と言っております。そこで書店には版を重ねるときは、このところを削除するよう……おそまきの感がありますが、よくご指摘してくださったと感謝します」

これは『記憶は弱者にあり』の中で、日本に民主主義がまったく根づいていないことを嘆いたマルセ太郎の言葉「ただ、それはどないしたらええのかということになると、ぼくなんかやけくそになって、『もう一回どっかの国に原爆でも落としてもらやあええやない？』といいかねないわけよ」に対して、私の思いを伝えた手紙への返答である。

たった一行余りについて「批判」すべきか否か、随分ためらった。珍しく家内にも相談したが、しない方が良いと答えていた。すでに市井に発行後の本であり、何より、病重き、わが国有数の思考する芸人即ち、プライドに価値観の総《すべ》てを賭けているインテリゲンチャにイチャモンを吹っかける気持ちはさらさらない。唯、対談形式では、ついうっかり口がすべったということが経験上よくあることだと考え、迷いに迷い遂に筆を執った。

それを最終的に決定したのは一に筆者の原爆に関する知識と識見であったものの、何と言っても、友人・マルセさんに対する義務と考えたからにほかならない。

その結果は前述の通りで、彼の潔い、過誤の容認と、後の重版の際の削除の措置、それと「批判」者である筆者への謝意の表明であった。正直に言って思い悩んだことが嘘のように消え、胸が熱いもので詰まった。

そして再び筆を執って、マルセ太郎を友人に持ったことを誇りに思うこと、彼の今回の措置と闘病生活、舞台活動を一貫する潔さと勇気に、満腔《まんこう》の称賛の意を伝えた。

彼はこの時期より二か月後に不帰の客となった。

葛西晃（会社役員・神奈川県）

マルセは侵略戦争の加害者としての過去を振り返らない日本の為政者に対し、いつも憤っていた。自らの手で自らの行いを反省することからどんどん遠ざかる戦後の〝発展〟のなかで、もう一度何もかも失くしてリセットしなくては状況を変えるのはもはや無理なのではないかという腹立ちまぎれの発言ではあった。

迷いながらもよくぞ伝えてくれた。信頼関係を築いていくとはどういうことなのか、その一つの例がここに在る。

※『記憶は弱者にあり』の該当個所は第三刷から削除されている。

もしかして

中村まり子

もしかしてひょっとすると、御身内の方々を除けば、マルセ太郎の一番近くにいた女性は私だったかもしれない……?

マルセさんの名誉の為に言っておくが、私はマルセさんの愛人ではない。無論。それが証拠に私はまったくマルセさんの好みのタイプではない。マルセさんの好みは、ふっくらした(つまりグラマーな)ホワッとした、柔らかい女性。私はガリガリのヤセッポチで、日本女性にあるまじき性格――好き嫌い、イエス・ノーがはっきりしている、お世辞が言えない、変だと思ったことを変だと言ってしまう、柔らかくない女だ。なのになぜ?

一つ判っているのは、私の地声が大きいこと。もちろん舞台女優だからということもあるけど、私は父(俳優の中村伸郎)が難聴だったせいで、耳の遠い人に慣れていたのだ。マルセさんも難聴だったけど、初めて会った時から亡くなるまでの十六年間、マルセさんはずっと「まり子さんの声は本当によく通るね。」と、ホメてくれた。マルセさん自身も声がデカイ。つまり私たちは長い間、大声でしゃべり合っていたわけだ。ロマンチックな雰囲気など生まれる筈もない。

初めてお会いしたのは渋谷ジァン・ジァンの楽屋。長い間ここで芝居をやっていた私はある日突然、永六輔さんから「マルセ太郎さんと三人で、ステージをやってみませんか?」と言われ、紹介されたのだった。私は想像力のたくましい人間で、〝マルセ太郎のイメージ〟というと、「浅草の裏町辺りの木造アパート。

その北向きの四畳半の部屋で一人、卓袱台《ちゃぶだい》を前に湯呑みに入れた冷や酒をあおりながら、むずかしいことをブツブツ言い、突然、猿のマネをしたりする、暗ーくてアブないおじさん」だった。全然違った。温かい家族に囲まれ、ステージでも普段でもひたすらしゃべり続け、前向きで明るい、ラテン系のノリのおじさんだった。時々私には解らない難しい話もするが、知ったこっちゃない。とにかく好きになった。この奇妙な取り合わせのトークショーのようなステージは、ジァン・ジァンを皮切りに全国各地、二、三年は続いたのではないか。その間のエピソードは余りに多く、この本一冊分位になってしまうので省く。

東京に戻るとマルセさんから時々電話がかかる。「今、新宿で時間が空いたんだけど、映画を見に出て来ない？」というものだ。大概、滝沢という喫茶店で会い、チケットの前売り所に行って、映画のポスター、チラシを見、二人であぁだこうだと言いながら何を見るか決める。見終わると、必ず飲みに行く。ここでマルセ太郎の「スクリーンのない映画館」が始まる。普通の男女のデートなら、「君はあの俳優、どう思った？」などという会話に終始するのだろうが、そこはマルセ太郎。普通ではない。たった今見たばかりなんだから判っているよ、と思いながら、マルセさんが語り出すと、その記憶力、描写の細かさに圧倒される。私は全く日記というものをつけない人間なので、マルセさんと何本くらい、何を見たのか、覚えていない。『まるまる一冊マルセ太郎』を読んだら、「エ？ こんなの見たっけか？」というものが沢山あった。けど、不思議と、永さんと三人で見たものばかり書いてある。なぜだ？ どこかでママ（奥さま）に気を遣っていらしたのだろうか？ 謎だ。

私の性格が災いして、マルセさんを怒らせ、一年間ほど口をきいてもらえなかったことがある。失礼なことをしたつもりはなかったのだが、私もこと芝居になると、頑固に自分の考えを通してしまう悪いところがあるのだ。マルセカンパニーの第一回公演『黄昏に踊る』の時だった。悲しかった。けれど、謝るようなことではないので私は黙って、マルセさんを尊敬する気持ちのまま、いつか仲直りできると信じていた。そんな時、マルセさんが発病した。目の前が真っ暗になった。しばらくして地方公演があり、あんなに好きだったお酒をやめたマルセさんは、公演後、皆と別れて一人でホテルに戻る。何年も一緒に飲んだくれてた私はとても飲みに行く気になれず、やはりホテルへ戻った。エレベーターの前で偶然マルセさんに会った。「ぼく、ラーメン食べたいんだけど付き合ってくれる?」と言われた。びっくりした。二人で小さなラーメン屋に入った。二人共言葉が出ない。結局、一言もしゃべることなくホテルへ戻った。あんな悲しいラーメンは、生まれてはじめてだ。

その後、マルセさんは私を許してくださった。以前より、精神的に深いつながりをもったような気がする。私は相変わらず下手なお世辞や励ましも言えず、ひたすら自分のペースでマルセさんにくっついていた。マルセさんは時間のある限り、私の舞台は全部見に来てくれた。必ず前から二列目。後ろの方だとセリフが聴こえにくい、かといって最前列にマルセさんがいるのはイヤだ。

今も客席にマルセさんが居る。あの顔で。「まり子さんの芝居には思想がないよ。」と、ブツブツ言いながら。

中村まり子（俳優・劇作家・演出家・東京都）

彼女の舞台をいつも前から二列目で見ていたマルセとは逆に、マルセの舞台を後ろの客席から見ていた彼女。

「マルセさんの笑いは熊手みたい」

劇場では、観客の笑いは、前方——演者と近いところほど大きいのが常である。にもかかわらず、マルセ太郎の芸には後方の客までを笑いの渦に引き込む力がある、と彼女は言う。それを表現したこの言葉を、マルセはことあるごとに嬉しそうに口にしていた。

コラム2

文忌その二
劇作家としてのマルセ太郎

梨花

晩年マルセ太郎が率いた喜劇集団、マルセカンパニーの一員として四本の作品に出演した経験から、劇作を通してのマルセ太郎について話したいと思います。

マルセカンパニー誕生

まず、お題の「劇作家としてのマルセ太郎」について、先にお断りをしますが、本人は劇作家とは思っていませんでした。肩書きはいつも好んで「ボードビリアン」を使い、「俺が書くのは戯曲じゃない、台本だ」と、謙遜というよりは実感を込めてそう言っていました。マルセカンパニーというのは劇団ではなく、一回一回のプロデュース公演で、レギュラー出演者はいるものの、その都度、役者を募るという形をとっていました。

東京へ出てきた若かりし頃、七つの劇団を落ちて俳優になる夢をあきらめたマルセが、何の因果か、その昔憧れた舞台俳優の先輩たちを使って芝居を一本書き下ろすことになろうとは。

記念すべき第一作『黄昏に踊る』のチラシにこんな言葉を載せています。

狂い咲きというのか、六十に近くなって、生まれて初めてということが、僕の身に次々と起きた。まず昨年、竹中直人監督の映画『無能の人』に俳優として出演したことである。続いて同じ年の秋に、講談社より自著『芸人魂』を出した。どちらも思いがけないことだった。そして今度は、芝居を書き演出するという、とんでもないことが起きた。焚きつけたのは斎藤昌子さんで、なんの実績もない僕のもとに、ベテランの俳優さんたちが気持ち良く集まってくれた。嬉しいことである。

失礼ながら僕同様初老に達した人たちだから、老人ホームを舞台にしようと即座に決めた。といっても、現実の老人ホームではない。年老いてもつきない、生命力への賛歌を喜劇にした。出演者それぞれの魅力を十分に楽しんでもらえれば、座付作者として満足である。

一度きりのつもりがことのほか評判を呼び、第二、第三弾へと上演を続け、書き下ろし作品は計八本にのぼりました。題材は老人ホーム、離婚調停、大衆演劇、芸人の通夜、知的障がい者のグループホーム、在日朝鮮人家族、そしてホスピスと多岐に渡ります。

ひとり語りとは違った味わいのあるマルセ喜劇もまた多くの人に愛されました。

台本書きと演技指導

「自分は芸人だが芝居に関しては素人だ。素人だからこそ、いいものを作らなければいけない」とよく口にしていました。

書いたものを戯曲とは呼ばず台本という言い方をしていたのは、最初の作品だけではなく多くのマルセ作品がまず出演者ありき、そのうえで「あてがき」をして書いていくのが基本だったからです。小説や戯曲のように一から人物を作り上げていく創作能力は自分にはないとも言っていました。出演する俳優を頭に浮かべ、その人が口にするのだから説得力があるというところから入っていくのがマルセ喜劇の創作法です。

マルセ作品に何本か出演している秋田訛りの味のある今野誠さん。リアルな演技にあんな役者どこで見つけたのかと東京の演劇人の間で噂になったこともありますが、実は元芸人でマルセの所属事務所で経理をしていた人なのです。今野さんが言うからおもしろいと思えるセリフを旧知の間柄ゆえ書けるというのは事実ですが、そこにも普段から「笑いとは？　おもしろいとはどういうことか？」を思考する芸人マルセならではの、他の劇作家にはない視点があります。

お膳立てはいつも周りがしてくれていました。半年に一度「そろそろ集まりましょか」と芝居のプロデューサーから連絡が入り、マルセとの雑談から「今度それいきましょ」という具合に始まります。本を書きあげる前からどうにでも転びそうなタイトル、『枯れない人々』とか『真夏の夜の哀しみ』とか、これも題名をつけるというセンスがないマルセ本人に代わって周りに決めてもらいます。美術や音楽がどうの、舞台装置が、などという話にも加わらない。各専門家におまかせです。

劇作家ではないというのと同じように、「俺は演出家ではない」とも言っていました。強いて言えば〝演技指導者〟ぐらいなものだな、と。

外見からは我の強いワンマンな人間に見えるかもしれませんが、実際は、不得意なことには口出しせず、できる人がやればいいというスタンスで芝居に取り組んでいました。

笑いは直接話法で

ただし、笑いに関しては別です。稽古のときはもちろん、本番ではそれ以上に厳しく目を、耳を、光らせていました。

昨日ウケたところが今日はウケない、なぜか。俳優は時に客のせいにします。しかし、その原因を分析するマルセは容赦なく俳優に指摘します。それが文脈だけで笑わせようとする他の劇作家とは異なるところです。自分自身も芸人として演者であるため、客との間合いで笑いが少しずれることに敏感で、そこが気になり妥協を許さなくなるのです。

俳優と芸人の違いもあるでしょう。俳優はあくまでも自分が演じている役が芝居のなかできちんと成立していることに主眼を置き、お客さんの反応をそれほど重視しません。主導権は舞台上にあり、客に対しては「ついてこい」といった感じでしょうか。しかし芸人の場合、へりくだっている訳ではありませんが、いくら高尚な笑いを目指していたとしても、目の前の客に笑ってもらえなければ失望します。

マルセ喜劇で重要なのは、「仕方話《しかたばなし》」と呼ばれるものでした。誰々がこう言っていた、ああ言っていたと、その人物になりきり落語家のように演じ分けて台詞《セリフ》を言う……そうした技術が不可欠です。

『黄昏に踊る』のなかで、少女のまま大人になり、おばあさんになったという感じの女性（北村昌子）が、同じ老人ホームに暮らす堅物な男性（納谷悟朗）と夜の散歩を楽しみ、交わすセリフがあります。

「星座のことは、私はよく知りません」と俯《うつむ》く男性に、夜空に浮かぶ美しい星々を眺めながら女性が呟きます。

「ほら見て、あそこ。Wになっているでしょ?」

と、指でWの字を描きながら話を続けます。

「あのカシオペア座を指差して特攻隊で死んだ兄がよく言っていたわ」

少し間を置いて、

「『俺は絶対早稲田に行くんだ』って」

ここで客席がどっと沸きます。

しかしあるときウケなかった。そのとき北村さん、こう言いました。

「あのカシオペア座のWを指差して特攻隊で死んだ兄が、『俺は絶対早稲田に行くんだ』ってよく言ってたわ」。しーん。

つまり直接話法で言うべきところを間接話法を使って言ってしまったのです。

終演後の楽屋で、マルセが北村さんに「明日は台本の通り直接話法にしてください」と伝えると、北村さん、まじまじとマルセを見つめて言いました。

「マルセさんって完璧主義者なのねぇ」。瞬間、楽屋中に笑いが広がりました。

開花した創作力

マルセ喜劇は「あてがき」が基本ですので、実在の人物を描いた『花咲く家の物語』では、そのモデルたちが頭から離れず苦労していました。しかし、稽古場で俳優と接するなか、モデルを離れて個々の人物が頭の中で立ち上がり、劇中で一場面だけ全くのフィクションの部分を書きあげることができました。そこで初めて「いける」と確信したようです。本人が苦手とする「創作力」が開花したのだと思います。

この作品は、金沢郊外にあった、知的障がいのある青年六人とともに暮らす小杉夫妻の家族『若人の家』をモデルにしたものでした。金沢テレビのディレクターとの縁でマルセ自身何度も訪ねたことのある家です。小杉康子さんが亡くなり自費出版された手記を読んだマルセが、いつもはプロデューサーに打診されて動くところ、自らこの家族のことを芝居にしたいと口にしたのが上演のきっかけです。

公演当時、障がい者を主人公にしたテレビドラマが流行っていたこともあり、その延長で語られることを拒み、マルセ太郎が障がい者を描くのだからお涙だけでは決して客は満足しない、喜劇でなくてはと力が入っていました。障がいをもの笑いにする低俗なものではもちろんあるはずもありませんが、客が気持ちよく笑える笑い、笑ったあとに罪悪感なく清々しい気分に浸れる笑い、そんな笑いを追及したのです。


マルセは芝居の台本を書く時、最初に構成を練ってというようなことは一切しません。一場から順を追って原稿用紙に一枚一枚書いていきます。しかしながら、出来上がると、きちんと起承転結になっているのです。

書くペースは早い方ではなく、特にセリフの語尾や、てにをは、句読点のうちかたなどでペンが止まることもしょっちゅうでした。芸人として、客の笑いの感覚や間《ま》を、身に付け、体系づけていたからでしょう。原稿に書きあげるたびに、私に朗読させ、耳で聴いてリズムが悪かったり、気になったりした箇所をそのつど書き直していました。

そして、アドリブが絶対だめというわけではなかったのですが、自分が意図する台詞《セリフ》を逸脱するようなアドリブは認めませんでした。もっともマルセ喜劇レギュラー出演者によると、「稽古ではいろいろやってみるんだけど、やっぱりマルセさんが書いたセリフが一番しっくりくるのよね」だそうです。

また、私が自分の役どころで生意気にも「この子がこういうこと言うのはおかしくない？　キャラクターに合ってないように思うけど」と言うと、「役者の悪いところを真似するな」とぴしゃりとやられました。その役を演じる一人ひとりの俳優がいかに舞台上で生きいきと魅力的であるか、そこに力点を置いていました。

マルセ喜劇代表作『花咲く家の物語』

『花咲く家の物語』の公演二か月前の稽古初日、出演者との初顔合わせのときには、一場の途中までの台本があるのみでした。常連の俳優さんは「今回は（台本の進み具合が）早いですね、マルセさん」という反応でしたが、かたや初参加組は、こんなので大丈夫なのだろうかと心配だったようです。

実際に十年近くつきあいのあった彼らとのエピソードが、第一場「マルセ訪問」で語られます。

経営不振でのちに工場を解雇される博が、マルセがおもしろおかしく猿や鶏の芸を見せたあとで言います。「わー、マルセさん、おもちろーい、また来てくださいね」。最初は苦笑いをして聞き逃すマルセですが、何度も何度も「また来てくださいね」というので、「あのね、博くん、君はさっきからまた来てくださいねって言ってるけど、僕はいま来たばかりだよ。もう帰れってことかい?」と冗談交じりに返します。親から捨てられ施設で育った博は、好きになった人がいつかいなくなってしまうのではないかと不安になるので、「また来てくださいね」と約束を乞うているのだと、小杉さん役の、劇中では杉田正彦が説明します。そこでマルセがそういうことかと感じ入り、「わかった、また来るよ」と言うと、もう博の「また来てくださいね」はなくなります。

また、マルセの得意ネタのひとつ、中国の踊り、韓国の踊り、そして日本の踊り、という芸を披露し、みなが大笑いをしたあと、間髪いれずに博が「オランダは?」と尋ねます。そこでまたもやガクッとくるマルセ。「あのね、僕は中国や韓国と隣近所の国の話をしているんだよ」。実は博は会社の慰安旅行で訪れたオランダの花畑の風景が忘れられず、誰かが外国の話をするとすぐにオランダを口にするのだというのです。

マルセが稽古中、俳優たちに何度も伝えたのは、「わざとらしく障害者を演じることはやめてください。障害者というより五歳くらいの子どものような反応をするのだということを思ってやってください」ということでした。自らが演じてみせることで俳優にそれぞれの人物を感じてもらおうという方法で演技指導をしていました。

きれいな笑い

実際のエピソードや亡くなった康子さんの手記に出てくる話ではない、マルセ自身が作りだした唯一オリジナルのシーンというのが、百合子さんという実在しないボランティアの女性と青年たちとのやりとりの場面です。青年たちにとっては憧れのマドンナ、演じるのは松山薫さん。チャーミングな女性ですがマドンナというには少し年を取り過ぎた感が拭えません。

舞台上手にその百合子が座り、あとは一列横に並ぶ青年たち。暗転から明かりがつくと、その状態でみなうっとりと憧れの眼差しで百合子を見つめています。しばらくセリフはありません。もじもじして照れ笑いする百合子、みなの視線に耐えきれず、「ねえみんな、どうしたの？　おかしいわよ。私の顔に何かついているの？」と言うと、少し間を置いて真ん中の三人がゆっくりと同時に首を横に振ります。これだけで笑いが起きます。

と、唐突に博が「わち、夏に蛍とりに行ったわ」と言います。「蛍取り、いいわね、楽しかったでしょう」と百合子。それから話題が蛍取りになり、一番多くつかまえたという耕治に百合子が「蛍はどうやってとるの？」と聞くと、腕組みをし小難しい顔で一呼吸おいて、「手ぇでとるんや」。こんなところでも笑いが漏れます。

それから各々どんな風に手でとるか、ジェスチャーを交えての会話に場が和んでいくなか、仲間うちで一番物知りな吉村が百合子に、「蛍はどうして光るのでしょう」と質問します。「さあ、考えたこともなかったわ」。皆はざわつき、懐中電灯の代わりになっているとか寒いときの暖房になっているとか、口々に勝手なことを言います。

そこで吉村が答えます。「あれは信号や、オスとメスが信号を出しおうとるんや。オスはお嫁さん探しとって、メスが葉っぱのところで『私はここにおるよー』いう信号を出しとるんや」。

それを聞いた百合子がうっとりした表情で、「お嫁さん探しの信号なの？　ロマンチックねー」と空を見つめると、その視線を皆が追います。ひと息あって勝が「百合子さん、なんでお嫁さんに行かんがや？」と聞くと、続いて皆が「ほうじゃ、なんで嫁に行かんがや？」とたたみかけます。

彼女がもじもじ答えあぐねていると、さきほどの吉村がひと言。

「信号がないさけや」。どっかーん。ここで会場は爆笑の渦《うず》。

これを出番の済んだマルセは、舞台袖から毎回確認してから楽屋に戻っていました。これこそが俺の求めている笑いだと言っていました。きれいな笑いだろー。一場から登場しているそれぞれの青年のキャラクターが隣人のように客の心に響いている、人物がきちっと伝わっているからあそこで笑いが起きるんだと、自身の作る笑いについて嬉しそうに解説していました。

「障害者」って何や？「国《くに》」って何ですか？

そしてまた、「障害者」という言葉についてのやりとりが秀逸な場面も印象的です。

精肉工場で働いている勝の先輩の根本、実在の人物です。そしてマルセの創作である近所の人の好いおじさん、山田のじっちゃんをとぼけた味の今野さんが演じます。

家出の常習犯である勝が仕事を無断欠勤した夜、根本に連れ戻され帰宅する場面。

職場にこれ以上迷惑はかけられない、勝をクビにしてもらっても構わないと謝る杉田夫妻に、いま辞めさせたら自分が肉の測り方や数字の書き方を必死になって教えたことが無駄になる、それになんやしらん、わし勝のことがかわいいのやと答える根本。

福祉やなんだということではなく、人と人との関わりのなかで生まれた情愛に心が動かされます。

そこへ野菜を持って杉田家に現れた山田のじっちゃん。勝が見つかってよかったなーと話すなかで不用意に何度も障害者という言葉を口にします。不愉快そうに根本がやんわりと「その障害者って言葉やめてもらえませんか」と言うと、杉田夫妻の娘で高校生の歩、私が演じました、も同調します。

山田「そんなこと言ったって、じゃ、どう言えばいいの？」

横で聞いていた春男や健が、

「障害者ってなんや？　ぼくも障害者け？」

「春男くんは春男くんやし、健くんは健くんや、胸はっとったらええ」と根本。

「国の世話になっとるいう考え方が間違うとるんや」

山田が口を挟む。

「それはおかしいよ」

根本「どこがおかしいんですか」

山田「だってみんな障害者年金もらっとるんだろ」

根本「もらってません」

春男「わし、もろうとるわ」

山田「ほれ、変なこと言うなよ」

根本はさらに強く、

「もらってません！」

山田「あんたも頑固な人だね。もらってる本人がもらってると言ってるじゃないですか」

根本、山田に向って

「もらうってどういうことですか」

山田、隣の杉田に

「どしたのこの人？」

根本「頂くことでしょう？」

山田「そだよ」

根本「頂いてはいかんのです。あれは政府が出しとるんです」

山田「同じことじゃないの」

根本「同じことやない。政府が出すのは義務なんや。お情けをかけとるんと違う。出さんといかんのです」

山田「そりゃ屁理屈だよ、実際国の世話になってるんでしょうが、施設だって」

根本「国って何ですか？」

山田「また、これだ。いい加減にしてくださいよ。あなたがいい人だっていうのは杉田さんからよく聞いて知っていますが……なんでそんなに私をいじめるの？」

根本「（語気を強めて）国って何ですか？」

山田「国ったら国じゃないの、国でなかったら何なの」

根本「政府のことでしょ！」

山田「ひぇー」

このときの、山田演じる今野さんが実にいい。まじめな話を正攻法でこられても客は興ざめするだけ。けれど、この実直な根本と、人は好いけど無自覚に差別発言をしてしまう庶民代表の山田との丁々発止に、話がどこへ飛んでいくのかと客はひきこまれ、笑い、そしてガツンと無意識の常識をくつがえされるのです。

根本「国なんて言うたらいかんのです。そんなこと言うとるからすぐ、国のために、国のために我慢しろ、国のために死ね、国のため……」

山田「どこまでいくの？」

ここからは根本の独壇場、作者であるマルセ太郎の考えが前面に出てくるところです。歩に向って語ります。

根本「歩ちゃん、学校で習うとるやろ、人権って。人は生まれながらにして幸福になるため、自由と平等の権利があるんや。これは当然の権利や。そして政府はそれを行う義務があるんや」

立ち上がって、力強く、

「健くんも春男くんも障害者やない」

と続けます。

山田「そりゃおかしいよ」

根本「誰の障害になっとりますか？」

と、口角泡を飛ばして山田に詰め寄る。

根本「誰の障害にもなっとらん！　世の中にはほんとの障害者がおるんや。人を差別する奴、人を品物みたいに選別し、支配する奴。そう思わんか、歩ちゃん。こいつらがほんとの障害者や。字が書けん、計算ができんのはちょっと不便なだけや。幸福になることとは何の関係もない。人は誰でもが、誰でもが幸福になるための平等の権利があるんや。琉球ではそういう子らを、神の子と言うそうやないですか。神の子やで」

すると、勝の部屋から太鼓の音が聞こえてきて、健が立ち上がり呟きます。

「勝くん、太鼓たたいとるわ」。

ドンドン、ド、ドン……大きく響く太鼓の音とともに暗転。この暗転のなか、客席からは毎回拍手とすすり泣く声が聞こえてきました。

話は尽きませんが、劇作家としてのマルセ太郎についての話を終わります。

病と生きる

死をも含めて人生

数野博

私はマルセさんと一緒に下ろされる幕をしっかりと見つめさせてもらったマルセ中毒の会・福山病棟の町医者です。マルセさんのことはかなり前から知っていましたが、一九九四年十一月に福山で初めて公演を見ました。

「マルセ太郎のロードショー」というタイトルで形態模写と漫談だけでしたが、強烈な個性を感じました。『奇病の人』によると、この時マルセさんは肝臓ガンを告知される直前だったようです。ガンの手術を受けて二年半後の九七年六月に岡山県の美星町（現・井原市）の中世夢が原へ『息子』を観に行き、ぜひ私が主宰する「びんご・生と死を考える会」で『生きる』をやってもらいたいと考えるようになりました。

マルセさんを呼ぶためには、広島に「マルセ中毒の会」というのがあって公演をとりしきる池田正彦という人に頼むのが早道だということを知りました。人を介して頼んだところ「町医者が？　マルセを？」という感じでしたが、諦めずに広島でのマルセさんの公演と打ち上げに参加させてもらいました。初対面の池田さんは私と同じハゲ頭の昔の文学青年という感じの人でした。こちらの本気を信じてくれたのか、同病相憐れんでくれたのか、広島公演の一日を福山に割り当ててくれることになりました。会場探し、ポスター作り、チケット売り、マスコミへの宣伝、スタッフの打ち合わせ、そしていよいよ『生きる』の当日です。

一九九九年二月二十四日、池田さんがマルセさん一行と一緒に来て、いろいろと手伝ってくれました。きっと福山の「ハゲの藪」が何をするのか心配だったのだと思います。池田さんは「みんな初めてじゃろうけえ、ぜひ見ときんさい」と一人で受け付けの番をしてくれたので、スタッフも全員会場に入れました。マルセさんのスクリーンのない映画館は福山では初めてでしたので近況報告がわりに、ご自身の癌の体験を「時間とは？　生きるとは？　死とは？」という人生哲学の授業にしてくれました。

そしていよいよ『生きる』の上演です。会員には癌患者の人も多く、マルセさんの熱演に生きる勇気をいただいたという感想もたくさんありました。そして、私は本格的なマルセ中毒になってしまったのです。

マルセ喜劇の集大成である『イカイノ物語』の一九九九年八月の広島公演は、各地の公演のトリ（千秋楽）となりました。私は「マルセ太郎〈イカイノ物語〉百人委員会」のメンバーとして、準備の段階から参加しました。公演前日のマルセ一座の広島入り、初日と翌日の最終公演、そして打ち上げ会と終始マルセ一座と行動を共にしました。打ち上げ会で、マルセ一座の紹介の最後にマルセさんが私の名前を呼び上げてくれた時には、驚きと感激で感極まってしまいました。

『イカイノ物語』の余韻がまだ覚めやらぬ一九九九年九月二十二日、マルセさんはがんセンターの主治医から、これ以上の治療は難しいと告げられました。それから一週間後の水曜日の午後、大阪梅田のホテルの喫茶店でのことです。マルセさんは「いよいよゴールが見えてきたようです」と切り出しました。マルセさんの言葉には深い意味があることが多いので、その言葉が何を意味するのか、私は彼の目を見ながら考えました。沈黙を破って、「もうこれ以上治療はできないと言われたんですよ」と諦めと怒りを込めた言葉を一言一言確かめるように呟いて、主治医が書いた説明のための絵とメモを見せてくれました。

マルセさんのＢＲＰ療法（免疫監視療法）を受けてみたいという言葉をきっかけに、ＢＲＰ療法のこと以外にもいろいろな方法があり、まだまだ治療はできることを一生懸命に話しました。芸人として生きがい療法を実践しているマルセさんに、奇跡的な自然治癒力を発揮してもらうために禁煙を強くすすめました。静かに聴いていたマルセさんは落ち着いた声で「私が知りたいのは、あとどれくらいかということです」と、鋭い澄んだ目で問いつめました。私は「それがわかるのは神か、よほどの藪医者でしょう。とりあえず一年一年を目標にしてやっていきましょう」と答えるのが精一杯でした。

その後、十一月五日と二十六日に、がんセンターの主治医から、これ以上治療の方法はないとだめ押しのような説明を受けたマルセさんは、手紙に「半年ということです。ちょっとショックでした。一年はあるかと思っていたのが甘かったようです」という言葉と、BRP療法を積極的に受けたいこと、そのためにデータを送ること、月末の京都公演のあとBRP療法を受けるために福山へ来ることなどが、いつもの力強い字で書いてありました。

十二月九日、マルセさんがBRP療法を受けるために来院しました。私は大学の同期生で日本でも五指に入る肝臓がん治療の専門家I医師に前もってデータを検討してもらいました。嬉しいことに治療の可能性があるとの返事でしたので、福山からの帰りのマルセさんに岡山で直接I医師に会ってもらいました。「最期まであきらめずに治療をしましょう。まだまだ治療はできますよ」というI医師の自信と熱意に動かされ、マルセさんは岡山で治療を受けることになりました。

BRP療法を開始し、肝臓の治療法が決まったマルセさんは新作『春雷』を書き上げ、二〇〇〇年二月にその公演が終わるとすぐに岡山での最初の治療を受けました。その後もスケジュールの合間を縫って治療を受けながら、各地で公演を続け、新作の執筆、『イカイノ物語』再演の準備と再び芸人魂を発揮していたマルセさんでしたが、岡山での四回目の治療も成功のうちに終わり、退院を目前にしていた二〇〇一年一月二十二日に突然の死が訪れ、奇跡は起きませんでした。

その日は月曜日でした。朝の診療中の私にＩ医師からかかって来た電話は、夢想だにしなかったマルセさんの急変を知らせるものでした。広島の池田さんにご家族への連絡を頼み、すぐに新幹線に飛び乗って岡山の病院に向かいました。それはマルセさんと過ごした最後の永い永い一日でした。ＩＣＵでマルセさんの治療にあたっていた医師たちを叱咤激励してマルセさんをなんとか連れ戻そうとしました。一時的に規則正しい心臓の動きを取り戻してくれたのは、マルセさんからのおしかりのようでもあり「さようなら」のようでもありました。

自宅で最愛の家族に囲まれて迎える自分の最期の姿を思い描いていたマルセさんの希望をかなえるために、狛江の自宅近くに良い医者を見つけて本人の意思を伝え、定期的に肝臓の注射をしてもらっていましたが、筋書き通りにはいきませんでした。マルセさんの「死は散文的にやってくる」という言葉は、このような死をも予感していたのかもしれません。

「びんご・生と死を考える会」のために書いてくれた色紙「死をも含めて人生」というマルセさんの言葉は、「生きる」ということの意味を今も私たちに問いかけています。

数野博（町医者・広島県）

国立がんセンターで最後通告をされたあと、「地方にもいい医者はいますよ。肝臓の病気に関しては権威があります」と彼に紹介され、マルセは岡山の病院へ通院することとなり、余命半年と言われた日から一年二か月の命を全うすることができた。

彼は、主治医となったI医師や病棟看護師に『芸人魂』を配った。本に感銘を受けたI医師は、病院側の都合ではなく、芸人マルセ太郎の生き方を尊重し、西日本方面での公演スケジュールに合わせて検査や入院の予定を組んでくれた。マルセの口癖「目の寄るところに玉」を感じさせる、新たな出会いであった。

二〇〇一年一月二十三日、遺体となったマルセを霊柩車が空港に運ぶ朝の光景を忘れない。I医師をはじめ看護師たちが、棺に手をあて見送ってくれたのである。

入院の度に福山から岡山へ駆けつけ、マルセを励まし、また、マルセ宅近くの医師との連絡を率先して担ってくれた。そんな彼の支えがあったからこそ、マルセは最後まで生きる希望を失わず、舞台活動を続けることができたのだった。

舌っ足らずの議員

赤星ゆかり

　初めてマルセさんと会話したのは、一九九五年秋、富山県魚津市での公演の打ち上げ会に参加させていただいた時のことでした。私は、マルセさんが以前アンケートに答えて送ってくださった葉書に感激して、「葉書ありがとうございました」とお礼を言いながら、恐る恐る自分の名刺を差し出しました。恐る恐るというのは、マルセさんの顔があまりに怖かったからです。

　私はその年の春、富山市議会議員に初当選したばかりでした。マルセさんは、似顔絵入りの名刺を怖い顔でじっと見詰めた後、「あなた、議員さんなの？」と言われました。私はどんなことを言われるのかと身を硬くしながら、「はい、そうです」と答えました。すると、マルセさんはその顔のままで「あなた、選挙権あるの？」と。一瞬緊張感が漂った打ち上げの席は、その一言で大爆笑に。

「選挙権だけでなく、被選挙権もないと立候補できないのですが……」と私は続けましたが、マルセさんにはそんなことはどうでもよかったのでしょう。自分のことは言いにくいのですが、私は当時三十歳で年齢より若く、というより幼く見え、服装などもおよそ議員らしくなく、しゃべり方も舌っ足らずでおっとりゆっくりしており、こんな人間が議員で、しかも共産党の女性議員である、ということがたいそう面白かったようです。

　その日、私は大変緊張していたので、そんなにマルセさんとたくさん会話を交わした記憶はないのですが、後日、富山の居酒屋「真酒亭」の村田さんから、「あの次の日、マルセさんはあなたのまねをしていたよ」

と教えてもらいました。それは、「あなた方は〝視察〟と言っていますが、あれは観光旅行じゃないんですか？　市長さん」という、実際に見たこともない、私が議会で質問をする様子を、マルセ流に再現したものであったというのです！

このネタは、「富山に行くとね、舌っ足らずの議員さんがいるよ」というマルセさんの言葉とともに、あとあと全国各地で披露されていたそうで、大変光栄に思います。

実は私は、このマルセさんの議会ネタに、随分励まされてきました。議会・役所というところに慣れるにつれ、自分らしさを失ったり、浮いて辛い時などがあると、「自分は自分でいいんだ！」と思い出させてくれたからです。芸、そして生き方を通して、信念を貫くことの大事さを教えてくれたマルセさんが、私だけに特別に贈っていただいたプレゼントなのです。

次の年の夏、上京した折に突然狛江市を訪ね、駅を降りて電話ボックスから「金原さん」を探して電話を掛けてみました。すると、幸運にもマルセさんがご在宅でした。大変喜んでくださり、なんと、マルセさんが自転車で来られ、自宅へ案内していただいたのです。駅前で、自転車を引くマルセさんに、通り掛かった見知らぬ五十歳前後の男性が、「あっ、マルセさんですね！　頑張ってください！」と声を掛けてきました。メディアへの露出度が今より少なかった当時で、マルセさんが照れくさそうにうれしそうにしていたのを思い出します。

マルセ家までの道中、市営の運動公園の側を通り、「これが〝狛江市ふれあい広場〟だよ。でもごらん、いつも鎖が掛かっているんだよ」と、解説してくれました。よくトークで「ふれあい」という言葉についてマルセさんが批判していましたよね。折しも狛江市は前市長が賭博《とばく》で借金を作って逃げ、その後の市長選の真っただ中でした。

マルセ家でしばし楽しいひとときを過ごした後、新宿までご一緒することができました。マルセさんは銀座へ映画を観に行くとのこと。電車の中では「『イル・ポスティーノ』を観たかい？　いい映画だよ」と、つり革につかまったまま、ミニ・スクリーンのない映画館です。後日、『イル・ポスティーノ』を観た時は、本当に美しい人生の賛歌でした。

二〇〇〇年夏、砺波《となみ》市での『生きる』の公演では、また特別な思いがありました。それは、私の母が大腸がんと肝臓への転移ガンを患い、手術をした約一カ月後の公演だったからです。公演後、会場のお寺のお堂で、マルセさんと語らいました。

「お母さん、大事にね」とのマルセさんの言葉、忘れません。マルセさんが、ガン治療を受けながら公演活動を続けているということが、母にとっても家族にとっても大きな支えとなっていました。残念ながらマルセさんが逝った二〇〇一年の夏、母も逝きました。参議院選挙の投票に行って、開票結果を伝えるテレビの小泉首相を見て文句を言いながら、その二日後でした。向こうでは、きっとマルセさんと一緒に病院ネタ、手術ネタそして政治ネタで盛り上がっているに違いありません。

有事法制がいよいよ出てきた今、マルセさんがいなくて本当に残念です。「侵略されたらと言うが、アジアを侵略し続けた日本に、それを言う資格があるのか」。マルセさんの言葉をいま一度胸に刻み直します。

マルセ太郎さん、たくさんの温かい思い出をありがとう。人生を生きていく時に何度もぶつかるつらい時に、投げやりにならず、優しくなれて、もう一度顔を上げて……、きっとそんな気持ちにしてくれる、マルセさんの存在。ヘタな文章ではとてもとても語り尽くせませんが、本当にありがとう。

赤星ゆかり（富山市議会議員・富山県）

マルセ太郎の支持政党は日本共産党だった。赤旗の購読者で、インタビュー取材も多く受け、自宅の門塀には、選挙前に共産党のポスターが貼られていた。

「自分はいつも共産党に投票しているが、共産党が天下をとれば最初に追放されるだろう」。作家の色川武大氏のこの言葉に同意しながら、加害の歴史を衣替えのように脱ぎ捨て忘れ去ってきた日本社会においては、頼みの綱であった。だからこそ、「白い手袋はいい加減やめろ」と言い、「優等生的な選挙演説ではなく、心に訴えるような話がなぜできないのか」と嘆いてもいた。

そういう訳で、およそ似つかわしくない風貌の議員との出会いに、新しい風を感じたに違いない。

二〇〇〇年の夏、舞台終演後、別れ際にマルセから「一緒に写真を撮ろう」と、それまでに言われたことがなかった言葉をかけられ、彼女は驚いた。そして、並んで撮った後にマルセはこう言った。

「ぼくね、来年死ぬんだよ」

果たしてそれが二人の最後の時間《とき》であった。

とっておきの話

藤井康広

診察室の私の席から見えるところに、幻に終わったシアターχの『芸人魂』の公演チラシとマルセさんの写真が額装され、掲げてある。黄色のバラを抱えたマルセさん。茶色のハットに茶色のスエードのブレザー、丸首のグレーのセーター、渋くダンディーにまとめたマルセさんらしいいでたち。亡くなる二ケ月前に福井のギャラリー・サライで『無名人物伝』を演じたときの写真だ。私が間違った考えをしないようにとの、霊験あらたかな「お守り」でもある。それを見ながらマルセさんを書く。

私が住む福井県三国町で一九九七年に『泥の河』、二〇〇〇年に『殺陣師段平物語』を公演していただいた。だから、中毒にかかったのはそれほど古いわけではない。私の弟が国立がんセンター東病院に勤務しており、マルセさんの甥御さんとも仲がよかったのでマルセさんをお呼びすることができた。こんな田舎町で、今でもマルセさんの舞台を懐かしげに語る老人、そして猿やツバメの一瞬芸を面白がり、『泥の河』のクライマックス「きっちゃーん」と手を振る姿を記憶にとどめる子どもたちがいる。それが私の自慢にもつながる。

先日、縁あって福井県の南端の名田庄村に行った。その隣町には水上勉さんの若狭一滴文庫がある。そこでもマルセさんは昔、公演をしていた。マルセさんが公演した後には必ず温かな文化的な香りとそれを愛する人たちが残されている。そんな人たちがいるとついついうれしくなって話が弾む。朝日新聞の「声」欄に掲載された宮崎県の少女からの手紙、十二年前のマルセさんの手紙を彼らに見せる。彼らの表情に時間の静寂と静かな感動がただよう。マルセさんが亡くなってから、ますますマルセさんを好きかどうかで人物判断をしてしまいがちな自分がいる。（……ちょっと危ないかな？）

マルセさんと初めて話したのは、小松空港にお迎えに行ったときだ。その車中、「藤井さんは何科のお医者さんですか？」「外科です。東京にいたときはマルセさんの近くのJ病院の外科に勤務していました」「へえー……」。意味ありげな沈黙。「弟さんが柏にあるがんセンター東病院だよね」「そうです」。両方ともマルセさんゆかりの病院である。マルセ中毒患者には説明不要と思われるが、あえて書くと、マルセさんが胆のう結石の疑いで救急車で担ぎ込まれたのがJ病院で、そこで一泊五万円の特別室がうんぬん、のエピソードがある。マルセさんは舞台の上では某病院と言っていたが、マルセさんの社会的気遣いの表れである。そこから関連病院に転院して治療を受けたが、らちがあかないので甥御さんが勤務している国立がんセンター東病院に転院した。そこで肝臓がんが見つかり、長い肝臓がんとの闘いが始まった。

さて、マルセさんと永六輔さんが二人でいるとき、どっちが多くしゃべるだろう。二人ともよくしゃべるから、そんな質問をマルセさんにしたことがある。するとマルセさんはちょっと間を置き、考えて、「そりゃー、ぼくだよ」「そうなんですか。永さんよりしゃべってしまうんですか」「だってボクは耳がよく聞こえないから相手の話が聞こえない」。

ジャズピアニストの小泉源兵衛さんとお会いしたときに聞いた話。小泉さんは、永さんが銀巴里（東京・銀座）で歌っていたときからの仲間で、今も永さんのステージ伴奏を務めている。永さんの仲間の歌唱指導もやっていて、ピーコさんもそれで歌がうまくなったとか。永さんの勧めでマルセさんも小泉さんに歌唱指導をしてもらったこともある。いつしか小泉さんのお弟子さんも増えてきたので、永さんの発案で小泉さん伴奏の歌唱大会を開催した。「恥ずかしくて、とてもみんなの前で歌えない」とか言っていたピーコさんは盛装をしてきっちり歌い、みんなを驚かせた。音程が外れるところを探すのが難しいほど上手くなっていたからだ。マルセさんの番になった。歌い出す。音程が合っているところを探すのが難しいほど。しかし、最後まで大きな音量で歌い通した。みんな大喝采。大いに会場を沸かせたという。

先日、その話を小泉さんにして確かめたら、小泉さん曰く、「難聴の人の歌唱指導は難しかったねえ。でも、いい人だったよ。芸に熱心だったし。映画や本の話題が多かったなあ。数少ない文化的な芸人さんだったよね。いろんなとこ一緒に行ったなあ」。

マルセさんはいろいろなハンディを乗り越え、すべてを自分の個性とし、独自の芸に昇華していった。まことにあっぱれな芸人だった。マルセさん亡き後、ＮＨＫ衛星放送で立川談志さんがマルセさんについて語っていた。「スクリーンのない映画館」の一場面が放映された後、「ある意味で古今亭志ん生を越えていたね」。そして、虚空に向かって「マルセありがとう！」。目頭が熱くなった。

さて、最後に私事で恐縮だが、自著の紹介をさせていただきたい。

私が体験したマルセさんのエピソードは、『よみがえれ！町医者』（日本評論社）の第一章に「芸人マルセ太郎さんのこと」と題して二十頁にわたり、くわしく書いた。晩年の様子、その病気との闘いを医者の視点から書いた。芸を生き甲斐とした芸人の強さと素晴らしさも表現できた。私がマルセさんに書いたレクイエムでもある。

藤井康広（開業医・福井県）

マルセ中毒患者は義理堅い。マルセ太郎亡きあと、妻と娘を招いて追悼会を主催し、さらにそのうえ芦原温泉へと招待した。これは当時、永六輔もラジオで驚きをもって伝えている。どこの、誰のファンに、遺族を招待してその死を悼むことができようか、と。

病院とは無味乾燥なものと相場が決まっていた二十年ほど前、訪ねた彼の経営する病院や老人施設は、自然光がいたるところに取り入れられ、パステルカラーの壁には風景画が品よく飾られていた。

在宅医療・ターミナルケアの先駆者として誉れ高いにもかかわらず、彼はつねに「町医者」という呼称を大切にしてきた。そんな彼だからこそ、マルセと強く響き合うものがあったのだろう。

哀しいけれど「ピリオド・ライブ」

沼野健司

マルセがいたから一面記事が書けた

「マルセ太郎・ピリオド・ライブ」と銘打った舞台が二〇〇〇年三月十五日に名古屋で開かれることになった。当然マルセの余命を意識した舞台であり、名古屋病棟の〝患者〟である僕としても、当日の舞台の手伝いはもちろん、自分の立場から、できる限りのことはしようと思い至った。僕の職業は新聞社の社員。整理部というセクションに属して、どのニュースを載せるかという価値判断や、見出しやレイアウトを考える、どちらかと言えば裏方的な仕事である。

ところがマルセに関しては、それまでにも何回か出しゃばらせてもらって、舞台の紹介などを書かせてもらっていた。だが今回は訳が違う、自分でも集大成のつもりでいた。わが社の新聞では土曜日の夕刊一面トップは、ニュースが少ない事情もあって、話題ものでいくということを少し前からやっている。「ニュースインサイド」というコーナーで取り上げる話題は政治から漫画まで、それこそ何でもありで、僕はここに目をつけた。

勇気を出して社会部の担当者と直属の上司に売り込み、（新聞記事的には「がん」「最後の舞台」とか、ファンとしては言いたくないことを売り込まないといけなかったが……）なんとか確約を得た。

それからは取材。これは楽しかった。

まずはマルセを支えるファンの側から。ピリオド・ライブの主催者は、以前からとてもよく知っているご夫婦で、「いつでも家へいらっしゃい」と言っていただいた。それどころか、食事までごちそうになりながら。「迎合しない、お金のために生きていないマルセという人生の先輩がいる。自分の生き方が間違っていないんだと確認できた」と熱く語るご夫妻に、うんうん、そうなんですよ、と引き込まれ、子育て論まで話が及んだところで時間切れ。マルセに直接話が聞けるかと尋ねると、問題ないといい、その段取りまでしていただいた。

さて、忘れもしない二〇〇〇年二月十一日。アポはしっかり取った。マルセ喜劇『春雷』上演中の東京・両国シアターχの楽屋にマルセ太郎本人を訪ねた。初恋の人に会うような胸の高鳴りを抑え切れずに、テープレコーダーを回しながらの取材が始まった。といっても取材が本職ではない僕にノウハウはない。とにかく思っていることをコンパクトに聞くしかない、あとは流れに任せて……。極度の緊張で、スムーズとは程遠いインタビューではあったが、話し好きのマルセのこと。時間の経過とともに舌が滑らかになっていき、「これなら書けそうだ」と手ごたえを感じた。そしてマルセの語る言葉の一つひとつが、僕の胸に突き刺さってくるのがわかった。

「がんの再発には（この時八回目）がっかりするが、良くも悪くも不安に慣れる。死を恐れなくなる。死を考えることは生を考える、つまり生き方だ。好きなことをやって充実した生活をし、もういいやというのではなく、終わりが来たら終わりを迎えようということ。僕には何でも楽しんでしまうところがある。病気をも死ををも楽しむ」

——哲学者の言葉みたい。達観している。

「僕のモットーはカッコよく生きようだ。さて何がカッコいいか。それには怒りの精神、闘わなくちゃ。自分の人生のシナリオは一人一人が書くんだよ。自分の考え方がきちっとしているか。時流に逆らえない、そんな人生生きたってしょうがない。生命力を燃やしつづけなくっちゃ」

——うーん、耳が痛い。流されてるもんな。

「僕はセンスとは無縁。はやりを追うことはしない。『まっとう』をばかにしちゃいかん。抵抗や怒りを若い時のように持ち続けたい。水の流れるごとくだよ」

——不器用なのはわかっています。そこがいいんだから。

「若い人に言いたいのは、自分はどこに立っているのかを考えて、わずかな成功を求めて主流に近寄るようなことはやめてほしい。本当の強さとは、一人になってもオレはやれるということ」

——組織にいる人間としては、何とも。

僕は、新聞記事的にアピールできる質問を、迷った揚げ句にしていた。「ピリオド・ライブと銘打たれている今度の舞台にかける意気込みを聞かせてください」。あーあ蛇足。「そう、覚悟しています。運がよくても今年いっぱい（の命）と思っています」。マルセさんは僕の心を見透かすように、あるいは精いっぱいのサービスのつもりか、「おいしい」セリフでインタビューを締めくくった。

おかげでマルセの記事は三月十一日、夕刊一面トップを飾り、社内社外を問わず「良かったよ」との身に余る言葉もいただいた。さて本来の目的である宣伝効果は？　予想を上回る切符の売れ行きで、記事が載る以前に九割方埋まり、それでも新聞を見て次々掛かってくる電話を断るのに各方面に迷惑をかけたことは、申し訳なかったが、うれしい誤算だった。

「ピリオド・ライブ」は超満員。ノリにノったマルセさんは『殺陣師段平物語』を語り終えた後、「名古屋に来て新聞を見てびっくりしました。僕は今年中に死なきゃいけないことになってるんだから」。これには参ったけど、僕に気を使ってくれたような気がして、胸が熱くなった。

マルセがいたから仲間とめぐりあえた

マルセのライブには、ご存じの通り「第二部」があった。舞台がはねてから、マルセ本人、スタッフ、そして常連ファン、初心者ファンが集い、場所を飲み屋（たいがい狭苦しく、十人も座ればいっぱいのところに二十人座らされる）に移し、盛り上がってくるとマルセの独演会。歌あり毒舌あり、舞台より面白いという評判さえあった。マルセ太郎の体調のいい頃は三次会、四次会もあった。僕も何回か二次会に顔を出すようになるうち、東京でしか観られないマルセ芝居を、名古屋で観たいという話が盛り上がり、これがマルセ中毒名古屋病棟設立のきっかけとなった。

以後、何度かマルセ喜劇を名古屋で上演するうちに、集まるメンバーが大体決まってきた。大学教授、高校の先生、マスコミ関係、自営業、主婦、学生……と多士済々。適材適所とはよく言ったもので、僕のように口も体も動かないヤツは例外。いつもは静かなあの人が大声を出して会場整理に駆けずり回っていたり、ケータリングは任せてと「七つ道具」をフル活用する女性陣、会場での物品販売（いわゆる物販）で売り上げに才覚を見せる人も。男どもは大道具の搬入に午前中から集まり、汗を流す。

こうして集まるマルセ好きの人たちと話をすると、なぜか懐かしい。好きなもの、嫌いなものいちいちに「ああ、そうそう」と共通点が驚くほど多い。集まる場所も、居酒屋―沖縄料理―韓国料理といった具合。とにかく飾り気がなくて、マルセ的「ひとクセ」ある仲間は、かけがえのない僕の〝財産〟となった。

おまけ・マルセがいたから娘が生まれた

のろけ話みたいで恐縮だが、僕が結婚するきっかけをつくってくれたのもマルセである。ウン年前の名古屋・大須の七ツ寺共同スタジオ、演題は『椿三十郎』。僕がマルセを観た最初の舞台の客席に、後に妻になる人がいたのも、やはりマルセの引きの強さのたまものに間違いないだろう。妻は僕と同じ会社にいて、後日話をしてみると、思った通りマルセ的志向のあることがわかり、あとはトントン拍子。おかげで今では娘も二人、幸せに暮らしております。どなたか「マルセ婚」の公認をしてくれませんか。

沼野健司（会社員〈新聞社社員〉・愛知県）

名古屋病棟の患者たちの結束は固かった。『花咲く家の物語』上演実行委員会を立ち上げた時には、赤字になったら生命保険を解約してお金を工面しようと考えていた人もいたらしい。そうした不安を抱えながら、飲み屋で隣り合った人にチケットを売るなど、文字通り〝手売り〟で個々人が集客に奔走し、蓋をあければ満員御礼。打ち上げの席で涙する人もいた。

「ピリオド・ライブ」という見出しが目を引く一面トップ記事を、「おいおい、勝手に殺すなよー」と、マルセはいちゃもんをつけながら嬉しそうに周囲に見せ回っていた。

公演当日、会場を埋め尽くした観客は、大いに笑い、泣いた。

毎回こんな風に「これが最後」と言い続けたら、チケット販売に苦労せずに済むだろうと笑い話にしていたマルセだが、結果、本当にそれが名古屋でのラストライブになってしまったのである。

死と対決する勇気

八幡妹子

二〇〇一年一月七日、私の夫・八幡正光が他界いたしました。マルセ太郎さんが亡くなられる二週間前のことでした。

夫は拡張型心筋症という難病でした。

生きるためには心臓移植以外に道はありません。

一九九三年十二月、心不全状態で入院した彼は拡張型心筋症と診断され、ペースメーカーを胸に埋め込む手術を受けました。そして心臓機能障害者に認定されました。

その時私は、主治医から早ければ五年、長くても十年くらいしか生きられないだろうと告げられました。彼もまた病名から長く生きられないだろうと感じとっていたと思います。

彼の生きるためのたたかいが始まりました。

いつのころからだったのでしょう。彼はマルセさんにどんどん傾倒していきました。自らも肝臓がんとたたかうマルセさんに自分を重ね合わせていたと思います。マルセさんが頑張っている限り、自分も頑張れると思っていたような気がします。

彼はいろいろな活動にとても意欲的に参加していました。そして、マルセさんの作品もほとんどすべて鑑賞し、打ち上げでマルセさんと語り合うことをとても楽しみにしておりました。

そんなふうに頑張り続けた彼ですが、二〇〇〇年夏、再び心不全状態に陥り入院、三週間で退院できたものの、十月に入るとまた悪化し、ついに十一月七日に再入院。拡張型心筋症の末期を迎えることになってしまいました。あれほど前向きに生きてきた彼も、今度ばかりはとても投げやりになっていました。そんな正光に生きる希望をもたせてあげたくて、私は必死の思いでマルセさんに「励ましの手紙をください」と手紙を出しました。

しばらくお返事はいただけませんでした。が、十二月二十九日、彼がとても嫌がっていた個室に移されたその日に、マルセさんはペンを執ってくださいました。私の元に届いたのは二〇〇一年一月一日、新しい年の幕開けの日でした。

私宛の手紙でしたが、どうしても見せてほしいという彼に手紙を渡しました。ひとりで読み終えて書いたメモを、後になって私は見つけました。

〈こんなに泣き虫・弱虫だったのかと自分で自分を叱ってます。自らも肝臓がんと壮絶なたたかいを続けているマルセ太郎さんから「死と対決する勇気を」という励ましの言葉をいただいた〉

きっと彼はマルセさんからのメッセージで覚悟ができたのだと思います。

それから三日後、彼の苦しさはピークに達し、ついにモルヒネを投与することになり、七日まで立派に闘い、私たち家族の誰もが「もうそんなに頑張らなくてもいいよ」と思うほど頑張り抜き、家族全員が見守る中で息を引き取りました。

彼を亡くしてつらく悲しい日々を過ごしていました。それは一月二十三日の明け方だったと思います。私はマルセさんの……。公演を終えてロビーでサインをしていらっしゃるのです。私が「八幡妹子です」と名乗ると、「ああ」と声を上げられました。私は彼の最後の様子を伝え、マルセさんはあの大きな瞳でじっと私を見詰め、聞いてくださいました。マルセさんは私に心配いらないよ、一緒だよと言ってくださったのでしょうか。

その朝、新聞を見て私は身体が震えるのを抑えることができませんでした。マルセさんの訃報が目に入ったからです。

こんな不思議なことがあるのでしょうか。

想いが人と人をつないでいる、そんな気がしてしかたありませんでした。

マルセさんに出会えたことで正光の人生は、より深く、より熱いものになったと思います。そして死と対決する勇気をもてた彼は最後までとても立派でした。

マルセさんはとても偉大でした。

たくさんの勇気と感動をありがとう。

マルセ太郎から彼女に宛てた手紙より

八幡妹子様

お手紙をいただきました。ずい分遅くなりましたが、決して忘れていたわけではありません。とてもつらくてすぐにペンを取ることができないのです。

正光さんのご病気の具体的なことは知りませんが、わたしも肝臓がんの進行中です。ご存知かも知れません。九五年一月、肝臓右葉切除の手術をうけて以来、塞栓術という治療を続けながら、十一回目の再発で正月早々にも入院します。

わたしのがんは治りません。再発すれば叩くだけです。そして今回塞栓術による治療は限界に達したといわれました。結果が分かるのは四月で、治療が不可能となると余命は六ヶ月です。そんな状態ですから、生死について考える日々を送っています。ご主人を勇気づけるなんて、とてもできそうにありません。

いつの場合にも去る人より送る方がつらいものです。奥さまやご家族のお気持ちはよく推察できます。一日でも長く側にいて、過ぎ去った日々の思い出を話してあげてください。

わたしは自著にも書いています。人生を芝居にたとえるなら、降りてくる幕をしっかり見つめたいと。果してそんなことが現実にできるかどうか自信はありません。ただそうありたいと思っています。

直接ご主人に向けて書けませんので、あなたから、こんな手紙があったと伝えてください。自分の死と対決できる勇気をと、わたし自身は考えています。

ご満足のいかない文章になってしまいました。おゆるし下さい。

十二月二十九日

マルセ太郎

八幡妹子（会社員・愛知県）

韓国から短期語学留学を終えて帰国したのは、マルセの死のひと月前だった。

たった三か月会わない間に手足は枯れ枝のようにやせ細り、癌の末期にさしかかっているのは誰の目にもあきらかだった。

ちょうどその頃、彼女からの手紙が届いた。

「甘えるのもいい加減にしろ、俺だって明日死ぬかもしれない身なんだぞ。絶対返事なんか出さないからな」と、ひどく腹を立て、おさまらない気持ちを吐き出していた。

きっと、それでも、返事を出すだろう、出さずにはいられないだろう、と思われた。

マルセの死後、弔文とともに送られてきた彼女からの手紙には、マルセが書いた返信への感謝の言葉が綴られていた。

あー、やはり出していたのだ、そしてそれは「間に合って」届いていたのだ。

どんな思いで手紙をしたためていたのだろう、それに答えてくれる声はない。

本当にくやしい

高橋勝子

先日、北林谷栄さんの『泰山木の木の下で』をみた時のこと、役を演じているというより北林さんそのものが舞台に居るんです。三時間堪能しました。九十一才の北林さん、これでもうみられないかもしれない。そう思いながら、太郎ちゃんの時もそうだったなー、と『中村秀十郎』の舞台を、あの時の太郎ちゃんの姿を思い出していました。

いつか……と覚悟はしていましたが、亡くなったときいて、もうショックでした。そして、最後の舞台のやせて痛々しい姿と、元気なときのキラキラ輝く、かわいい目が浮かんできました。(太郎ちゃんの目、こわいという人がいますが、私はいつもかわいいと思えたんですよ)。本当にくやしいです。

出会いは猿に感動してから……。ハイ、中毒になったというわけです。太郎ちゃんはとても筆まめな人で、ハガキが飛んでくるのです。忙しい人なのにすごいと思いました。どうしてわかるのか……だまって行ったときでも、「ありがとう」のハガキが届きます。ある時、何でそんなにまめなの？　ときいてみましたら、永さんからおしえられたとのこと。それにしても筆まめで、美しい字の人でした。

私は国民救援会で働いていて、えん罪・布川事件を担当しています。桜井昌司氏、杉山卓男氏は二十九年間も囚えられ、獄中に捕らわれ、一九九六年に仮釈放になりました。やっと昨年（二〇〇一年）十二月に第二次再審を申し立て、闘いはこれからです。この事件にもお力添えをいただきました。正義を愛する太郎ちゃんの熱い思いをエネルギーにしてがんばろうと思います。

そうダ、そう言えば太郎ちゃんから年賀状も何も届かなくなってしまった。今頃、太郎ちゃんはあの世に行ってしまったんだナーと実感せざるをえなくなりました。お正月に奥さんにお会いした時、「いい人だったワー」の一言。ジーンときました。

太郎ちゃん、ありがとう!!

高橋勝子（国民救援会職員・東京都）

マルセ太郎のことをちゃん付けで呼ぶ人は彼女を置いて他にいない。

生前最後の舞台は、二〇〇一年正月あけ、両国シアターχにて行われた三夜連続の独演会だった。その二日目、『殺陣師段平物語』の公演を見に行ったときのことである。死の二週間ほど前の舞台、体調は万全ではなく最高の出来とは言い難かった。が、鬼気迫る演技には、技術としての上手い下手を超え、生とは何かをこれ以上になく訴えかけてくるものがあった。

万雷の拍手のなか、暗転。そして劇場内の明かりがついた瞬間、隣に座っていた彼女が開口一番、興奮しながらこう口にした。

「ね、これだから太郎ちゃんのは見逃せないのよ。同じ演《だ》し物《もの》でも毎回違うんだから、太郎ちゃんのは！」

まだ花が咲くのに太郎なぜ逝った

桜井昌司

私が「マルセ太郎」の名前を知ったのは、千葉刑務所にいたときでした。それは、獄中に二千六百通の便りを書いてくれ、冤罪と闘う私を励まし、支えてくれた日本国民救援会の高橋勝子さんを介してのことでした。

刑務所の中にも社会の情報は届いていて、マルセさんが猿などの形態模写の達人で、個性の強い芸風をもった芸能人であることは知っていました。でも、五年半前に仮出獄で社会へ戻ってくるまでは、マルセさんの芸そのものを観る機会はまったくありませんでした。

初めてマルセさんと会えたのは一九九六年十二月、東京・狛江にあるスタジオBeフリーでの公演の折でした。狭い空間、いす一個の舞台、黒い背景のスポットライトの中のマルセさん、あの日のモノトーンの不思議な世界が今でも忘れられません。

演じられたのは、『殺陣師段平物語』でした。マルセ劇場とでもいうのでしょうか、マルセさんの全身でつくり出す物語は、あの黒一色の背景に映る夢のようでした。二十九年ぶりに社会へ戻っての初体験だった芝居の興奮とマルセさんの芸の興奮とで、本当に夢の中にいるような思いで茨城へ帰ったのでした。

あの日から、金沢での『花咲く家の物語』をはじめ、Beフリー、シアターχなど、五度、六度とマルセさんに会いに行きました。肝臓ガンとの闘い、それを愉しむかのように語っておられたマルセさん、そして、マルセさんの人生観あふれる芝居は、私の心に共感するものがたくさんありました。

強盗殺人の犯人にデッチ上げられ、死刑の脅しに屈して嘘の自白をした私は、二十歳の時から「死」と真っ正面から向き合わされました。

無期懲役刑が確定して刑務所へ行ったとき、罪を認めて反省しない者に仮釈放はないと聞かされていたので、これで自分の人生は終わったと思いました。そうした日々から私が得た思いは、とにかく今あることに全力を尽くし、かつ愉しもうということでした。

マルセさんに会えるたびに、マルセさんの歩んできた人生を感じる芝居と芸に惹かれ、酔い、癒やされておりました。

無実を訴える私を一べつして通り過ぎる人が多かった中で、なぜマルセさんが私に目を留めてくれたのか、今では確かめようがありませんが、二千六百通の便りにもあった高橋さんの情熱に打たれたこと、ご子息の竜介さんが弁護士で同じように冤罪の「草加事件」の弁護をなさっていること等、種々考えられますけど、きっと日本の権力の卑しさや非道さを身をもって知っておられたマルセさんだったからであろうと思います。

そのときが来るとは判っておりましたけれども、あまりにも突然でした。次の公演はなくなってしまい、まだまだ見足りない私は、残念というか、悔しいというか、もっと見たかった、聞きたかった、知りたかったの気持ちで一杯です。

これからも花が咲く芸を見たかったのに、季節の花を待たずに逝ったマルセさん、あなたを忘れません。せめてあなたの遺したものを機会があるときに観に行きたい、見続けたいと思っています。

さよなら、マルセさん。ありがとう、マルセさん。

桜井昌司（元冤罪無期懲役囚・茨城県）

一九九六年十二月十九日から二十三日まで、「マルセ太郎の集大成」と銘打った五夜連続公演が、都内の小劇場・スタジオBeフリーで行われた。

客席に古舘伊知郎がいた。上方落語の桂南光がいた。映画『生きる』に出てくる息子の嫁役の関京子がいた。若かりし頃、マルセが恋した元女優で故加藤嘉の妻、加藤雅子がいた。松本幸四郎（現・松本白鸚）の長女、松本紀代がいた。そして、冤罪により三十年近く収監され、仮釈放されたばかりの桜井昌司と杉山卓男がいた。

パイプ椅子を並べた小さな劇場で、終演後、毎回観客との交流会がもたれた。マルセは『奇病の人』の中で、桜井、杉山両氏との関わりについて次のように書いている。

国民救援会の専従員である高橋勝子さんは、僕のファンでもあった。彼女によって布川事件を知らされ、わずかばかりのカンパもし、〝救援会〟を通して二人に手紙も出した。仮釈放された日、桜井さんから喜びの電話をもらった。

三十年ぶりに自由になった人の気持ちはどんなものか、僕の貧困な想像力では推し測ることもできず、突然の電話をもらって、何をどう言っていいのか、うろたえたように思う。僕は高橋さんに、「Beフリー」公演のことを知らせ、都合のいい日にと、彼らを招待していたのである。

交流会のその席で、思わぬ人の紹介をうけて、お客さんも一瞬、信じられないような戸惑いがあったのではないか。そんなものを吹っ飛ばすようにして、桜井さんは挨拶してくれた。

「今夜こうして、念願のマルセさんの舞台を観られて、うれしく思ってます。『生きる』の主人公は、がんを宣告されるまでの三十年間、無為に過ごしてきたとありましたが、わたしたちの三十年は決して無為ではありませんでした。充実して生きてきたと思っています」

きっぱりそう言い切った。寡黙そうな杉山さんも側で、同意するようにうなずいていた。

絶望的な獄中にあって、真実を訴え続けてきた彼らの強靭な精神が、充実した三十年と言い切ったかと、僕は深く感動した。そこまで彼らを強くしたのは、国民救援会を中心にした支えがあったからだと思う。人は、理解されている、という連帯感があって孤独ではなくなるのであろう。

※布川事件　一九六七年八月、茨城県利根町布川で当時六十二歳の男性が殺害されて現金を奪われた。別件で逮捕された二人の若者が自白を証拠として起訴された。二人は無罪を主張したが無期懲役の判決を言い渡される。その後二〇一一年五月再審無罪が確定。解決までに実に四十四年という歳月を要した戦後最長の事件となった。

公開されることのないライブ

日高奉文

二〇〇一年一月二十二日、岡山の地でマルセ太郎さんは逝かれた。

福山の数野さんからの連絡で、私は職場から、K病院に向かった。親族の方、近しい方々のみがおられた。私は数野さんと池田さんには面識があったので、視線のやり場があっただけ、何故か助かった。マルセさんの文章に登場するお孫さんがおられた。

お孫さんを見ていたら、わずか五日前に見舞った時のことが蘇った。病院の控室まで出て来られ、古舘伊知郎さん言うところの「公開されることのないライブ」（わずか数日後にお別れすることになるなど、ツユほどにも感じられなかった）の中で、「孫の記憶に残るまで、舞台に立っていたい」とおっしゃられていたことが。

マルセさん自慢のお孫さんは、文句なしに可愛いかった。血のつながり……。二人で一緒にお風呂に入り、マルセさんが心から嬉しそうにしている姿が想像できた。安心できる素晴らしい家族がいたからこそ、マルセさんの人生は充実し、未踏の芸域まで辿り着かれ、エネルギーを出し切って幕を下ろされたのだと思えた。夕刻、マルセさんと最後のお別れをした。五日前とはうって変わって、静かなマルセさんがいた。眼を閉じている、動いていないマルセさんを初めて見た。

一九九二年、四十歳で、私は東京から岡山県の美星町の『中世夢が原』という歴史公園に就職した。東京を去る四、五年前、渋谷のジァン・ジァンという客席数百二十の小劇場で、一度だけマルセさんを観たことがあった。酒場が舞台で、電話があり、コント風の寸劇中、人間模様が繰り広げられていたと記憶している。忘れられない顔もさることながら、ふり返る動きの可笑しさが、今も印象に残っている。

歳月が流れ、小さな町でささやかに、企画を中心に新しい仕事に取り組み始めて五年目の一九九六年、『泥の河』を企画した。すでに肝臓の半分を摘出され、がんとの闘いが始まっていた。

このことで私は、マルセ太郎というヒトと本質的に出会ってしまった。

以来、マルセさんの種子は私の中で落ちたのだなあとこれを書きつつ、今実感している。一寸先の寿命というか、いつまでの生命か判然としない中で、病魔と闘いつつ、芸に打ち込む壮絶な、覚悟の人生。とにかく私のこれまでの人生で出逢ったヒトの中で、そのかもし出す、何か得体の知れない比類のなさは、群をぬいていた。

どうしてこのような芸人が生まれたのか？

マルセさんのことを知りたく『芸人魂』を読み、わずかでも知るにつれ、逆立ちしても及びもつかない、想像を越えた人生を歩んで来られたマルセさんを畏怖し、それはゆっくりと敬愛へと変化していった。

お会いすると、無意識に肩に力が入った。企画してはみたものの、自分の非力さに悩みもしたが、検査を終えて退院され、また舞台に立たれたのを知ると、あの貴重な世界を今のうちに、という気持ちは抑えられなかった。時の許す限りマルセさんの芸を見届けたい。チャンスをつくって、生であの舞台を体感してもらいたいという念《おも》いは強くなり、やまなかった。

二〇〇〇年十月、東京両国シアターχで『ライムライト』を観た。ラスト、チャップリンのカルベーロが、マルセさんになってしまった。天に伸びた腕に、スポットライトが当たる。マルセさんの指先の動き、病を超越した尊厳があふれでて、私の胸を打った。

翌日、私の住む街、西大寺で『生きる』を企画することにし、仲間の瀬政、森家両氏に相談した。多くの言葉は不要だった。森家氏は本業のかたわら素晴らしいチラシを創ってくれ、瀬政氏も仕事の合い間、裏方に徹してくれた。

二〇〇〇年十二月十五日、『備前岡山西大寺五福座』での『生きる』は我々にとって特別の記憶となった。

その打ち上げの時、マルセさんと初めて一緒に「写真」をとお願いした。マルセさん、瀬政、森家、私の四人で。たった一枚。誇りうる宝である。五年かかってやっと三本企画し、何か少し肩の力が抜け、ようやくマルセさんと自然に話ができそうな気がしてきていた。

考えてみると、マルセさんとゆっくりお話ができたのは、皮肉にも、検査入院で岡山に来られるようになってからの、お見舞いに行った三回だけだった気がする。最初と二度目は二人きりだった。病院でのマルセさんは、舞台の上と違って、本名の金原さんにかえっていたようにも思えた。

書いているといろいろ思い出す。病院では台本は書けないとこぼしておられた。また、話が佐賀で起きたバスジャックの少年の話題に及ぶと、「乗客の中に、一人でも少年に語りかける大人がいなかったのかねえ」と淋しそうに言われた。この人は病人ではないと何度も思わせられた。真の意味で今を生きておられた。まるでスポンジのような、瑞々しさ。その新鮮な、そのコメントの鋭い切り口に聞き惚れた。止まぬ好奇心。社会、時代の中で弱い立場の人々を冷静にあたたかく見据え、情熱をたぎらせ、話（愛）さずにはいられない独創のヒト。

病院での私は、たった一人の観客に変身し、金原さんも話し込むうちマルセ太郎になるというふうだった。帰ろうとすると、わざわざ一階まで降りてこられ、もうちょっとと喫煙所に、またもや独演会が続いた。他にも多くの人生を感じさせる無言の喫煙者がいて、何か、私一人が場違いな世界にいるようだった。別れの際、マルセさんはシャンと立って、遠い眼ざしで見送ってくださった。

二人きりの時間は、私のみが体感した、かけがえのない想い出の時間となった。オーバーにいえば、今となっては夢のような、永遠の繰り返しのライブのような。企画者冥利に尽きる、幸せな時間。

マルセさんは生きるということ（変化しつつ存在し続ける人間という動物）について、自分自身を賭して、全身を武器にして、笑いのうちに、楽しくわかりやすく、自分を愛しなさいという（今もっとも欠けていると私には思える）シンプルな哲学を伝えてくれた私にとって出色の人間である。このことだけはハッキリ書いておきたい。

日髙奉文（中世夢が原企画担当職員・岡山県）

マルセは、鞄ひとつで全国を旅してまわった先で、いわゆる「村おこし」「町おこし」に携わる人たちに出会い、地方も捨てたものじゃない、いや、かえって地方に暮らす若者の方がいきいきとやりたいことをやっている、もうはじめているではないか、と大いに刺激をもらっていた。

彼もそのひとり。シェイクスピアシアターや富良野塾で俳優としての経験を積んだあと、就職した歴史公園で多くのイベントを企画運営していた。椎名誠の映画上映やアフリカ音楽コンサートなど、小さな町でホンモノと出合う場を耕し続けるなか、あらたにマルセ太郎が加わった。たった三回と言うけれど、ベターザンナッシング。彼のおかげで岡山の人たちの記憶のなかにマルセは生き続けていることだろう。

二〇〇一年一月二十一日、川崎病院でのマルセさん　中島淳

二〇〇一年一月九日に岡山の川崎病院に入院され、十二日に治療を受けられたマルセ太郎さんを見舞いました。今回が、川崎病院では四回目の治療。福山の数野博先生のメールで「前回は薬が少ししか入らなかったけど、今回は今までで一番たくさん入りました。治療も一時間で済みました」と知らされていたので、回復状態がよいと判断して、お見舞いの日を退院予定日の前日（二十四日）にしていたのを二十一日に早めました。前二回同様、マルセさんは背広に着替えられ、中折れ帽子をかぶってお洒落して、近くのおいしいパン屋の喫茶店に出かけて話ができると思っていました。ところが……。

四八一号室に行ってみると、ベッドはもぬけの殻。金大中さんから贈られた腕時計（二〇〇〇年、当時の金大中韓国大統領来日の折、マルセさんは、山田洋次・三國連太郎・加藤周一・中村紘子さんら日本の文化人百名のひとりとして、宴に招待され、記念に腕時計をもらわれた）が置いてあったので、入浴と思い廊下で待っていると、白髪を染めた赤い毛の頭を気持ちよさそうにふきながら出てこられました。顔をあわせるなり「天満屋まで行って下着を買ってきてくれませんか。ここの売店で買ったら、おもらし用の下着でね。まだかっこよくしたいよ（笑）」。一万円を預かって、ブリーフ二枚、長袖シャツとズボン下各一枚を買ってきて渡しました。今回は、ナースステーションのそばのベンチと病室での話になりました。

「今度の手術は簡単だったんだけどね。腹水が溜まっていて、熱が午後と夜に出る」とまったく外出の気配もない。十二時の昼食膳もおかずのふたを開けた途端、「ああこれはダメだ」と食欲がないというよ

り、受け付けない様子。「カツサンドを買ってきてくれる？」と言われたので、天満屋近くの地下のパン屋でおいしそうなのを求めて持ち帰ると、「あこれなら食べられそうだ」と四切れのうちの一切れをパク。一口のどを通すや、おえーっと声を出して、あわててコップの水で流しこみ。「あーだめだ」と本当にしんどそうです。看護婦さんが顔を出し、「お風呂入りました？」「はい」「熱はどうですか？」「三十七度五分」「お昼はどれだけ食べました？」「あのね、食べられなくて三分の一かな（実はゼロ）」「氷枕しましょうか？」「お願いします。おなかが張ってるのがね……」と、やりとりを聞くのもつらい。看護婦さんがおなかを触るので、その間ベットを離れました。

今回のマルセさんは、ポツリ、ポツリのしゃべりでした。それでも、あれこれと聞くことができて幸せでした。まず、数野先生のメールのうち「新しい血管ができていて、しっかりと薬が入りましたし、また何回もできるそうです」の分をマルセさんに見せました。

—「伊藤先生（主治医）が考え込みましたが……」、これが何かなあ。（しばし、沈黙）

—四月の『イカイノ物語』関西公演の折に、ここ（川崎病院）へきてＣＴ検査を受けることになる。（がんよ）すぐ出るなよ、お化けじゃあるまいし……（笑）。

—斎藤昌子さんも肩部に水が溜まって、昨秋の『枯れない人々』に出演できなかった。今は良くなったそうだけど、水は溜まるんだねえ（今回の腹水のことを指して）。

—歌舞伎の「型」って何だろうっておもうんだよね。この頃、自分の病気のことをたくさんの人が心配してくれていると思うと、泣きたくなることがある。自分で、泣くぞと、こみあげてくるのがわかる。そして、泣く。(歌舞伎も)こうやって型を決めてやるよね。

——浅草時代、ギャグ・メッセンジャーズの相棒だった丘さと志、彼は、ぼくを気持ちよくしゃべらせてくれる男でね。長いことどこにいるかわからなかったんだけど、スクリーンのない映画館の『息子』を見て、楽屋に来てくれた。彼が言った。「なんでもないんだよなあ」。これだけで、ぼくと彼は通じ合える。その彼も去年九月亡くなった。

——なんでもないといえば、中国映画の『初恋のきた道』。あれはいいね。なんでもないことの素晴らしさ。日本映画はどうしてああいう映画がつくれないのかね。深作欣二は、どうしてあんな映画(『バトル・ロワイヤル』のこと)を撮るのか。

——昨日、『悲劇喜劇』(早川書房の演劇雑誌)の原稿を送ったんだけど、『舞踏会の手帖』のルイ・ジューベ扮するピエール(今はジョーと呼ばれている)が、訪ねてきた昔の女性にいうセリフ「ジョーはいなくなるが、ピエールは(君の)頭の中に残していくよ」。フランソワーズ・ロゼーの『女だけの都』とか、いい映画の場面、場面だけを演ってみようかな。

——マルセ太郎のお客だけだよ。ぼくに「次は何を演《や》りますか」なんていうのは(笑)。ひとり芝居を演じているといっても、ほとんどの演者が一つだけしかない。ぼくも日本映画なら『泥の河』と『息子』、洋画なら『ライムライト』だけでいいと言ってよ。

——古舘伊知郎が言うんだよ。「マルセさんの舞台には感動がある」と。ぼくの弟子になりたいと家に訪ねてきた若い女性は、「(いろんな芝居を見てきたけれど)みんなジェットコースターなんです。マルセさんは、心にしっかり残っています」と。(この話はもう五回くらい聞かされている)

―ここでできる治療がなぜ、がんセンターでできないのかなあ？　ここの先生が、言ってくれても（罵ってくれても、の意）いいと思うけどなあ。家族とも離れているし、新幹線に乗ってこないといけないし。

―神戸芝居カーニバルの人たちがやってくれないかな。「時間」について、誰か哲学の話をしてもらえる人を呼んでの講演会みたいなものを。そしたら、ぼくもぜひ聞きにいくよ。

―（写真集はいつごろ出るんですかと聞いたら）ちょっと遅れているみたいだけど。そこにいろんな人がぼくについて書いてくれているが、大塚善章は、高校時代の僕を「キザの一言」と書いている。そうかなあ？

―このごろ、孫が気をつかって、ぼくのところへ来ない。ばあちゃんのところへ行くんだよねえ。

―あと三年生きられたら、孫もぼくの顔とかを記憶にとどめられる年齢になる。なんとかがんばりたいと思うよ。今度は、たばこもがまんするよ。ストレスにならない範囲で（笑）。（このあと三年というのは、一九九四年、がん発見の時に言われた「七十歳まで生きられない」と関わっている。あと三年でマルセさんは七十歳、お孫さんは七歳になるところだった）

―本当は、退院して一ヵ月は自宅でのんびりしていないといけないなあ。（一月二十五日退院。二十七日には、板橋区民文化会館小ホールで『ライムライト』公演。二十八日には京都での出番。ハードなスケジュール）

いつもと違うマルセさんだし、マルセさんが何度も「数野先生が来られるはずなんだが……」「広島の人たちと一緒だから三時ごろかな」と言われるので待っていたのですが、見えないので、「去年、マルセ太郎大全集（神戸での連続公演）が終わった時に、色紙を書いていただいたうちで、私が名前を間違えた人がいるので、今度書いてくださいますか」と話すと、マルセさんは「いまもっているの？」「はい」「じゃ書くよ」と。

そこで、二枚の色紙を差し出しました。マルセさんは、いつもより大きな字、味のある字で「記憶は弱者にあり」と書かれました。肩で息をしながら。

それを受け取って、三時二十分病院をあとにしました。帰り際にマルセさんの額に右手を当ててみたら、やはり熱があったので「お大事に。二十七日には観に行きます」と挨拶したら「どうもありがとう。あー、ちょっと毛布を掛けてくれる？」と言われて腰下までかけて病室を出ました。いつもと違うマルセさんの弱りようでしたが、翌朝の急変はまったく予想外のことでした。

私は、十年あまりお付き合いをさせていただいた幸せ者です。たくさんのことを教わりました。マルセさんは、生涯私の中でずっと生き続けます。

中島淳（神戸芝居カーニバル実行委員会事務局長・兵庫県）

マルセ太郎の芸を生前のみならず、死後以降も地元神戸でプロデュース（「文忌」主催）し、その芸の真髄を伝えるべく発信し続けている。

ろう者だけの観客を前に『泥の河』の公演を実現させたことは、彼にとって数あるマルセ太郎神戸公演の中でも特に印象に残っているという。

マルセに合わせて、ひな壇に上がった手話通訳者も同時に動くという工夫を凝らしながらも、客席の視線が通訳者に向かうなかで自分が演技することに何の意味があるのかという疑問が拭いきれなかったマルセだった。だが、打ち上げの席で、「なぜ年老いたマルセさんが子どもから女性まで一瞬にして演じ分けられるのか不思議で、とても感銘を受けた」と手話で感想が寄せられ、その懸念は一気に吹き飛んだ。

「中島さん、やってよかったよ、ありがとう」とホテルへ向かうタクシーのなか、感慨深けに呟いたマルセの言葉が本当に嬉しかったと彼は折に触れ語っている。

コラム3

文忌その三
マルセ太郎の幸福論

梨花

お客さんが一番喜ぶのは『泥の河』、自分で演《や》って気持ちいいのは『段平』と生前本人は言っていました。「あの時の段平は、自分でいうのもなんだけど、すごかったなー」と時折振り返って口にしていたのが、一九九八年夏、山梨県白州町(現・北杜《ほくと》市)で毎年開催されていた『アートキャンプ白州』の野外公演、土の舞台でのものです。途中大雨に降られるというアクシデントがかえって演者との距離を縮め(屋根のない客席にいた観客を、演じる途中でマルセは「どうぞ舞台へ」と促した)、段平が最後につける殺陣《たて》の場面では、文字通りみな「息をのんで」見入っていたことを思い出します。

映画の再現ではなく、立体講談として語られた、劇団新国劇の『殺陣師段平物語』、歌舞伎界の『中村秀十郎物語』、講談師の『桃川燕雄物語』。話の主人公はみな世に言う〝成功者〟ではありません。マルセ太郎の持論「成功と幸福は違う」ということを実感する演目です。

今回は「マルセ太郎の幸福論」という視点でお話ししたいと思います。

日本が理想を失うことによって何が欠けるかというと、尊敬する心ではないだろうか。位の高い人を恐れるということはあっても、斯《か》くありたいと願う、尊敬することがなくなってしまっている。そう考えるマルセは、講演会場で問いかけます。

「地位やお金ではなく、人格そのものを尊敬するという人、尊敬できる人があなたの身の回りにいますか?」

そしてこう続けます。

「もしいたとしたら、それは、尊敬されているその人ではなく、あなた自身が『幸福』である証です」

晩年「いかに生きるべきか」を訴える機会が多かったマルセですが、父親として子育てに生かしていたかというと、決してそんなことはないわけでして。

家庭内において父から「教育のため」に何かをしつけられた覚えはありません。

忙しい母を助けるための家事手伝いをさぼると小言を言われたぐらいで、本は読んだ方いいと思っていたでしょうが、直接「勉強しろ」と言われたことはなく、進学も就職も、仕事を辞める時も、放浪の旅に出る時も、そして帰ってきてからプラプラしているときも、人生訓を説いたり、こうせいああせいと意見されることはまっくなかったです。

男二人続いたあとの末の娘という点で、在日朝鮮人的〝差別〟があったのかもしれません。まあ、女の子だしなというような……。なにせ一番の関心ごとは自分自身の芸についてでしたし、どちらにしても放っておいてもらえたことはありがたかったです。

しかし、意識していようといまいとを問わず、「無神経な物言い」にはがつんと叱責されました。

あるとき外国語の話題になり、インドネシア語で「とても大きい」と言うとき、「とても」にあたる副詞がなく、「大きい、大きい」と二度重ねて表現するということを聞いてふっと笑ってしまいました。子どものことですから、「変なのー、おもしろい言い方するなー」というくらいの感覚だったと思いますが、すかさず、「なんで笑うんだ。言語に優劣はないんだぞ」とぴしゃり。

また、私が中学生のころは校内暴力吹き荒れる時代で、新聞沙汰になった近所の学校に対して「やっぱり〇〇中学は」とつい口にしてしまったことがあります。その時も聞き流すことはせず、「そういう〝偏見〟が差別を助長し、冤罪を生むんだぞ」とたしなめられました。

もっとも、マルセ太郎自身、権力者に対する〝偏見〟は相当なものでしたけど。

いわく、「高級官僚はじめ日本のエリートとよばれる奴らはみな犯罪者だ、でなければ、〝まだ〟つかまっていないだけ」とか、「俺の子どもが警察官になりたいなんて言ったら俺は偽物だ」とか。職業差別甚だしく……。

それからこんなことも思い出されます。

木造二階建て八世帯が住む、くみ取り式の共同便所、台所も廊下にあり、夫婦喧嘩の声も筒抜けというようなアパートで生まれ育った私は、お手伝いさんがいて三時のおやつを出してくれる、一軒家に住む同級生をうらやましがるような見栄っ張りな子どもでした。日曜日の新聞に挟み込まれる不動産のチラシを眺めるのが好きで、「ここが私の部屋、こっちがお兄ちゃんたちで、ここはお客さんが泊まる部屋」と空想にふけっていると、その様子を覗き込んだ父がこう言いました。

「よし、梨花、いつかこんな家を買ってやろう。でもな、問題はそこに〝誰が〟住むかなんだ」

子どもの私に父の言わんとすることがわかるはずはなく、大きな家に暮らす寂しい人もいるし、小さな住まいにあたたかな家庭を築く人もいる、という事実に目を向けるまでには時間を要し、垂れ流されるCMの「幸福な家」の像を未来図として思い描いていました。

マルセ流教育論

よく芸能人が好んで〝我が家の子育て〟について話をするのを聞いて、「あほじゃないか」とぼやいていました。「自分には三人の子どもがいるが、皆それぞれだ。意図してそうなるように仕組んだ訳じゃない」と。

そんな「教育論」嫌いなマルセ太郎ですが、テレビ番組でそれについて話したことがあります。上岡龍太郎司会のEXテレビ。タイトルがずばり「元不良の教育論」。元ヤクザの画家、WBC世界バンタム級チャンピオン、競艇界の賞金王、元レスラーの大学教授、そして異色の芸人という五人の「元」不良たちによる教育についての座談会。番組中、本人が笑いながら、「僕はここにいる人たちとは違って、学校で勉強はできました。恐いのは顔だけで、腕っぷしも弱いし、元不良ではありません」と弁明しているのがおかしかったです。

一九九三年の九月、マルセ太郎五十九歳、「スクリーンのない映画館」で日の目を見るようになったとはいえ、まだまだテレビでの露出度は少なかったころです。

自分の両親は尋常小学校しか出ていないのに新聞の字が読める、「お前もじーちゃん、ばーちゃん見習って、それぐらいには勉強せぃよ」と息子に言っていると出演者の一人が言うと、昔の学校はそれだけ厳しくしつけてたからなーと皆が頷くなか、空気を破るようにマルセが言いました。

「でも僕は教育の話をする時にですね、昔は良かったというのは賛成できないんです。いま七十代以上の人があんな厳しい教育を受けて、結局みんな戦争中に中国人虐殺をしたわけですよね」。

マルセ太郎中毒を自認していたディレクターによる番組だったからでしょう、いまならカットされているに違いないそのやりとり、骨ある報道人がテレビ局にいたことを感じ入ります。

「個」性的に生きるススメ

マルセは、個性的に生きることが幸福への道につながると信じていました。そして、そのためには「流行を追わないこと」が大事だとも言っていました。

母校の大阪府立高津高校で講演をしたあと、楽屋を訪ねてきた男子生徒から、「マルセさんのいう個性的に生きるというのは現実難しいところがあるのでは？出る杭は打たれる世の中で自分の意思を貫くにはどうしたらいいのか」と質問され、こう答えています。

「ひとりはいる、それは信じた方がいい」。孤立無援に思えるなかでも、「個」として闘っている人を応援してくれる人は必ずひとりは出てくる、だからあきらめてほしくない、と。それは自分自身が不遇な売れない時代を経て、さまざまな人の支えがあっていまがあるという実体験からくる言葉であり、全国公演で訪れた先々の地で、文化芸能、芸術の世界のみならず、職人、教員、市民運動家などなど、個性的に、魅力的に生きている人たちの周りに自然と集まる輪に触れ、実感したことでもあるのでしょう。

自己愛の強い父をもつということ

こんな話をすると、「いいよなー、マルセさんは、好きなことで飯が食えて。時代が良かったということもあるし、組織に属さなくても生きていける才能がある人がうらやましいよ」という声が聞こえてくるやもしれません。

マルセ太郎が死ぬまで同居していた家族のひとりとして（兄二人は独立して東京都内ではありますが別に暮らしていました）、自己愛の強い父親をもつというのは、たとえ芸人という特殊な仕事をしているとはいえ、いつもおもしろおかしいはずはなく、実際そのような声をわたし自身のなかで何度聞いたことでしょう。

短大を卒業後約二年勤めた旅行会社での会社員時代のことです。

それは世の中が「二十四時間働けますか？」の時代で、残業は毎月七十時間近くになり、セクハラという言葉もなく、男女雇用均等法という名ばかり〝均等〟が跋扈し、お茶くみは女性社員の仕事であり、バレンタインデーはマストでひとり五百円徴収され、たばこの煙が苦手な私は、目が痛くなるほどの白い空気に窓を開けて換気しようものなら、「寒いから閉めろ」と怒鳴られ、百万円単位のツアー費を回収しに行ったホテルのロビーや飲食店の出入り口で、現金を数えるのは二十歳そこそこの私には荷が重すぎますと意見すると「何かあったらどうするかなんて、何かあるわけないだろ、この日本で」と上司に鼻で笑って返され、シュンとなって帰宅すると……そこに有頂天な男がいるわけですよー。そうした理不尽な圧に屈する境遇になく、自分の理想を語って、それを喜んでくれるお客さんに囲まれて、そのうえお金までもらえる……なんてうらやましいのでしょう。

あるときの大喧嘩はこんなふうでした。

私が旅行会社を辞め、じたばたとアルバイトの掛け持ちをしながら将来を案じていたときのことです。元同僚から誘われ、ワーキングホリデーを利用し近く渡豪することは決まっていたものの、不安の塊だった私を心配するでもなく、初めての著書『芸人魂』の刊行を前に、その編集者から嬉しい手紙が来たと悦に浸りながら、「梨花、読んでみろ」と封筒を差し出しました。私は気乗りしない感じで受け取り、便箋を取り出して開口一番こう言いました。

「なにこの字、汚くて読めやしない」

いけない、いけない。いくらクサクサしてたからって、その言いぐさはなんなのさ。と思うが早いか、声を強めてマルセは言いました。

「忙しい編集者だから仕方ないじゃないか」

それに輪をかけて私はさらにくらいついた。

「でもさー、仕事のメモ書きじゃなくて、人に宛てる手紙でしょ？」

　なんてこったい、こんなときに正論を吐いても仕方ない、勝ち目はないというのに……言わずにおられない性質《たち》は父親譲り、それは三十年たったいまも変わりなし。

　そのとき烈火のごとく激怒したマルセの一言一句を私はいまだに覚えています。

「この人がお父さんのためにいろいろがんばってくれたのはお前もよく知っているだろう。それをなんだ。お前にそんなこと言える資格があるのかっ！　お母さんがお前みたいな性格でなくてよかった。もしそうだったら俺はとっくに離婚してる。お前みたいなやつにこんな幸せな家庭が築けるかーっ！」

　ちょっと、どこまでいくのよー。

　しかもこんな「幸せな家庭」のいちメンバーでもある私に向かって、そんなこと言うとは、矛盾してるじゃないさ。


人生に必要な勇気と想像力、そして……

マルセ太郎は舞台でこう言っています。


「日本には、『お幸せに』という言葉はあるが、これは何事もなければいいという意味で、そのこととは別に、『幸福とは何か』という哲学的思想がない」

　そして、映画『ライムライト』の、チャップリン演じる老俳優カルベーロと失意にある若いバレリーナのテリーとの会話を引用し、幸福とは何かを問いかけます。

カルベーロ「幸福になるために闘うんだ」

テリー　　「幸福ってなんなの？」

カルベーロ「こんな話がある。私が子どもの頃、家はとても貧乏だった。ある時父親に『おもちゃ買ってくれよ』と言ったら、親父はこう言った。『（頭を指さし）ここが最高のおもちゃだ』。幸福も同じことだよ」

　つまり、想像力。人生に必要なのは、勇気と想像力、そして少しばかりの金。

『ライムライト』のそのセリフを通して、マルセ太郎は自らの「幸福になるため」のイロハを実感していたのでしょう。

　西洋の書物を読むと「幸福」と同じく、日本になじみの薄いものとして、この「想像力」という言葉を頻繁に見かけるとも言っていました。

日本の企業や各界でのトップ、リーダーシップをとる人たちに欠けているものがそれ、想像力であると断言します。

「『戦争だもの、〝慰安婦〟なんて日本だけにいたわけじゃない、それに、金もらって商行為じゃないか』という訳知り顔に言う評論家に言いたい。『そういうことを口にすることはあなたの奥さんや娘さんを汚すことにつながるんですよ』。なぜそこへの想像力をもたないのか。知ったふうによく言うよ、戦争が現実になったらいち早く逃げるやつが」

二十年前までは、この視点に拍手喝采する人たちが多かったと思いますが、いまや圧倒的な少数派になってしまっている現実。私たちにはまだ、ちょっと自覚が足りないのかもしれません。世界中どこを見回してもひどいことだらけじゃないか、日本はまだましだよ、と思っているのではなかろうか。そんなに悪くはなっていないだろうと信じ込みたいのだと感じます。

しかし、さんざん日本社会や日本人の悪口を言いながら、マルセ太郎個人としては良き日本人の友を得、全国の公演先で私利私欲を捨て、社会的弱者のために行動している人たちに出会い、そこに少なからず希望を見出していたのも事実です。

成功と幸福は違う

また、NHKのさわやかインタビュー『病を得て幸福が見えた』という、タイトルもわかりやすい番組のなかで、成功=幸福という公式を否定しています。

「人間が幸福であるということは決して成功することではない、それをごっちゃにしたところから不幸が始まるんだ。そういうふうに僕は芝居のなかでも常に訴えてきたつもりなんですね。失敗しても、なおかつその失敗した人生が、ま、美しくあるというか、やっぱり、幸福へ近づける道だと思うんですよね。そのことが自覚できるかどうかということで、人は幸福になれるかどうか、と分かれるんじゃないかというふうに考えています」

マルセ太郎が若かりし頃、チャップリンやフランス映画などから影響を受けた「幸福論」は、病気になって有限である生を実感するに至り、より一層確信を得ていきました。

そして、病気に対しても悲劇を演じることを楽しむ楽観癖があったことは、身内として救われ、観客にとっても芸人の真骨頂に触れることができ、それがまわりまわって死を目前にしたマルセ本人にとっても力となっていたのだと思います。

余命三年と言われたあとに書き上げた『奇病の人』には、巷に溢れている「闘病記」とは違うマルセならではの視点が随所に見られます。

「人生が芝居なら、下ろされる幕を、僕はしっかりと見つめたい」と書いた通り、その生《せい》の幕が二〇〇一年一月の冬空の下に閉じられるまで、幸福とは何かを追い求めた一生でした。

身体《からだ》で語る

常日ごろマルセは言っていた。

「生きるとか、生活を楽しむということは、表現することじゃないだろうか。楽しい話をすれば場が盛り上がる。あらたまって何かを表現するというのじゃなくて、ふだんの生活の中で一人ひとりが表現者であるべきだと思う。そこで、どうしたら上手く表現できるか、ということが問題になってくるのじゃないだろうか。まず、しゃべろうとしなきゃね。どうして話そうとしないのだろう」

芸人マルセ太郎から具体的な「話し方」、語りの指南を直接受けた市井の人たちがいる。

〝しゃべり〟の業火を燃やして

太田陽太郎

一九九三年、川崎市麻生区で「マルセ太郎のパントマイム教室」という市民講座が開かれました。三十人ほどの老若男女が集まり、マルセさんにパントマイムの基礎を教えていただきました。こわい顔をつくって般若の面をかぶった真似をする。蝶々を追う。綱を引く。箱に入る。猿になる。鳥になる。ファッションモデルになる。じつに恥ずかしく、苦しく、それでいて心おどる授業でした。私など、あんまり一生懸命にトリの真似をしていたら首が痛くなってしまったことを思い出します。

からだを使った表現の魅力のとりこになった仲間十数人が、パントマイムだけでなく、さまざまな表現方法を学ぼうと「麻生表現研究会」をつくり、マルセさんを招いて集まることになりました。日常のささいな出来事を切り取ったり、話題の映画を解剖したり、世の中の事件を肴《さかな》にしたりして、いろいろ表現していくのです。これがなかなか思うようにいきません。

わたしたちがマルセさんから学んだことはたくさんあります。仕方ばなしとアクションで現場をリアルに再現する。心地よい笑いで、ずばり真理をつく。常識をくつがえす。弱者の視点に立ってものを見る。自分に正直に生きる。成功でなく幸福を求める。がんを生きる、など。

映画や芝居、政治や裁判、教育や人生などについて、いつも本音で語ってくれました。その言葉の端々に愛があり、愛ゆえの怒りがあります。毎回かならず、喫茶店で二次会をやり、延長戦です。マルセさんの話がのってくると、こっちも興奮してきます。濃密でぜいたくな時間が過ぎていきました。

マルセさんは肝臓ガンの手術を受けた後も、いよいよ精力的に活動を続けられました。がんの再発のたびに治療を受け、その後しばらくは体調がすぐれないようでしたが、「不思議なんだ、しゃべっているとね、だんだん元気になってくるんだ、これはもう業だね」というようなことをいつも言っておられました。しゃべるのが業——その業火を燃やし尽くすようにして逝ってしまったマルセさん。

「麻生表現研究会」では、マルセ太郎作の喜劇シリーズや「スクリーンのない映画館」の鑑賞、話し方の勉強、映画批評など、少しずつですが、いろいろな活動をしてきました。

ここに、その記録の一部をまとめてみました。「**マルセ語録・麻生表現研究会版**」です。

話し方、演じ方

●擬態語や感嘆詞をつかわないで表現するといい。
●あいまいな言葉が多くなってきている。〜とか、〜みたいな、など。流行語はすたれる。楽だけど進歩がない。
●感じたことをすぐ書きとめる。誰かに話す。すると自分の考えていることがよくわかる。
●相手が大勢のとき、目の使い方が大切だ。相手をまんべんなく見られるといいのだが、それはプロのレベルだ。何人か選んで見つめて話すといい。顔を見ることができなかったら、せめて顔と顔の間を見るようにする。照れずに自信をもって、目を落ちつけて話すことだ。
●もっと話の配分ということを考えよう。自分がいちばん強く言いたいことは何か、どこで何があったか、そこを強調するのだ。また、自分の意見はどうか、しっかりおさえておく。うまく話のヤマをつくってほしい。
●常套句を避ける。一般化するより自分の言葉でしゃべるほうがいい。ぼくの友だちにも「先程らいみなさまのお話をうかがっておりますと〜」なんて四十年来おなじ決まり文句を使うのがいる。
●説明的な話はおもしろくない。仕方ばなし(直接話法)を使うと状況が生きいきする。声の強弱も重要。
●堀田善衛の話。日本人は辞書を置くが、フランス人は文法書を置く。日本語にはきちんとした文法がないから融通がきく。主語がなくてもいい、過去を現在形で話してもいい。言ってみれば「なんでもあり」だ。これが言葉だけの話ならいい。だけど、日常の暮らしも「なんでもあり」になってゆくような気がする。

●笑いには質があり、レベルがある

レベルが低い笑い……ひとの特長、失敗、欠点、仕草などを茶化す。

レベルが高い笑い……笑いの中に胸をつくものがある。喜悲劇

「9時5分にまいります」と言う元国鉄機関士の話（『奇病の人』より）

演技のコツ

●ほとんどの場合、背筋をきちんと伸ばす。手足はふにゃふにゃでも、背筋を伸ばしていると動きがきれい。動きは簡単明瞭がいい。たとえば「泥の河」で、加賀まり子の浴衣姿でも、背筋をのばしてやや硬く演じてもおかしくない。女だからといってなよなよやったらしまらない。

●目の動き、目の表情で決める。感情が入ると表情がいきいきする。

●自分で自分がやっていることを楽しむ。そのものになりきる。

●メリハリをつける。やるなら大きくダイナミックにやる。やらないなら、やらない。中途半端な演技なら、ないほうがいい。

映画を語るコツ

●映画をみたら、ひとつでもいいから台詞を拾ってみよう。映画にはかならず何かメッセージがあるはずだ。
●なぜ名画の主人公は失敗者なのだろう。失敗のなかに何か普遍的なものがあって、それが観る人の心を打つのではないだろうか。魅力的な失敗というのがある。そこに着目する。
●情景描写をきちんとやる。絵が見えるように具体的に伝える。時代、季節、風景（砂漠、海、森、街）、音、光
●主人公のイメージをはっきりさせる。年齢、職業、体型、性格、風貌、生活、癖、友達。
●同じ調子で話すより変化、メリハリをつける。声の高低、大小、速さ、間など。
●ぜんぶを話すのでなく、一部を切り取って全体を感じとらせる。強烈な印象を受けたところ。グッときた台詞、思わぬ発見など。

日常、心がけること

●見たこと、感動したこと、体験したこと、これをすぐ人に話す。話さないと忘れてしまう。
●話すことで確認できる。話し上手になれば聞き上手になれる。
●自分の話し方を観察する。意識する。声の大きさ、話す速さ、癖など。どういうとき、うけたか。どういうとき、しらけたか。

●人の話し方を観察する。どういう話し方がおもしろいか。話題、声、身ぶりなど。魅力ある人間になろうと心がける。プライドをもつ。もてたいと思う。せめて電車の座席をあらそって取るようなマネはしたくない。

こうしたところで「やってみなさい」と言われたら、すぐやる、どんどんやるといい。「どうやるんですか？」などと念を押さない。念を押すのは弱気、自信がない証拠。気合負けしないこと、立ち合いに勝つことが大事。指導者も喜ぶ。「教室はまちがう所や」

実演① 人権講座（フランス映画『仕立屋の恋』より）

ちょっと表現の勉強をしよう。大阪生野区で人権講座があった。まず自分の芸歴を話し、いま映画の話をしています、といって、最初にフランス映画の『仕立屋の恋』をやる。実際に自分で動いて見せる。これで、こっちに引き込むのだ。

店からアパートにもどっても部屋にあかりをつけない。
中庭をはさんで向こう側にも同じつくりの建物がある。

一階には、若い娘が一人で暮らしている。

こっちの部屋にはいつもあかりがついていないから、空き部屋だと思い込んでいる。

仕事からもどると、あかりを皓々《こうこう》とつけて、娘は着替えを始める。

それを主人公がそっとのぞいている。いやな奴ですね。好きになれますか?

そこへもってきて、幼女がいたずらをされて殺されるという事件が起きた。

犯人は誰でしょう? 決まってるよ。あいつに違いない。

ま、ここから冤罪ということが生まれるのでしょうが、この映画はそれがテーマではありません。ぼくが言いたいのは、ここなのです。

刑事も、こいつが怪しいと思った。だが、いくら身辺を捜査しても証拠が出てこない。

あるとき、男がパブで飲んでいるところを見つけて、こう話しかけた。

「君は、なんでアパートじゅうの人から嫌われているんだね?」

そのときの主人公の答えは、ぼくは断言しますが、日本映画では絶対出てこないでしょう。日本映画では、せいぜいこんなもんでしょう。

「なんでって、そんなこと言われてもしょうがねえよ。おれが何をやったっていうんだ。おれ、なんか迷惑をかけた? しょうがねえだろう」

しかし、この映画では違う。

「君は、なんでアパートじゅうの人から嫌われているんだね?」と聞かれたとき、この男はみごとに答える。

「わたしもあの人たちが嫌いです」

これが個人主義です。われわれは本や学校で個人主義ということを学ぶが、はたして日常生活でどれほど個人主義が根をおろしているでしょうか。この映画では、それがテーマではない。なのに、そういう台詞がポンと出てくる。なにごともなく日常会話のほんの一コマにそういう言葉が出る。「わたしもあの人たちが嫌いです」。こういうところに、ヨーロッパ人が伝統的にもっている個人主義があらわれているのです。

いま、会場にいらっしゃる皆さんが全員ぼくを嫌っている。ぼくもあなたがた全員を嫌う資格と権利がある。これが個人主義。

いま世の中の指導者といわれている人たちのなかに、一人として個人の意見を出している人がいるでしょうか？　みんな立場です。会社の立場、議員の立場、役人の立場、労働組合の立場。立場、立場です。おれは、という意見がない。

ここのところ毎日のように新聞に出ていますね。銀行の頭取さんたちがそろって謝罪している写真。おじぎの角度までいっしょ。なぜか？　そこに個人がないからです。誰も悪いことしたなんて思ってない。会社しかない、組織しかないのです。

こうやって話にひっぱりこむ。最初から「人間は生まれながらにして平等であり～」なんてやったって誰も聞いてくれない。黒板に「人権とは」なんて書いたって、みんな眠っちゃう。こうやってポンと映画の話をやると、もう夢中で聞いてくれる。

その時の人権講座では前にも同じような会を他の講師で開いたが、暗い話だったので、みんな滅入ってしまったそうだ。

大勢の前でなく少人数のときでもいいから、こういう表現を入れて話すようにしてみるといい。

実演② 小咄「医者のみたて」(イラン映画『桜桃の味』より)

自殺願望がある主人公に、古老の医者が、トルコの寓話を語って聞かせるシーンがある。

その男が医者に行ったときのことだ。

男　「先生、診てください。身体じゅう、指でさわるところ、みんな痛いんです。
(指で触りながら) 目が痛い、鼻が痛い、口が痛い、胸が痛い。
どこもかしこも身体じゅう痛いんです」
医者「どれどれ。(診察する) ああ、わかった、わかった。痛んでいるのはおまえさんの指だ」

指が痛んでいる、ではなく、痛んでいるのは指だ、がいい。言葉の順序、配置がたいせつ。

実演③　たとえ話「三木清の幸福論」（マルセ太郎の講演話より）

講演のテーマは人生論。そういうものは、ほとんど誰かが言ってる、本に書いてある。オリジナルなんてない。だから、それをどう肉付けするかということになる。たとえば、三木清の『人生論ノート』に「内的幸福は存在しない。幸福はおのずから表現されるもの、鳥が鳴く如く〜」というのがある。それをどう自分のものにするかだ。

南武線の登戸駅のホームで高校生のカップルを見た。制服の女子高生が男友達のニキビを取っている。（誇張した演技）まるで夫婦気取りだ。ホームには大勢の人がいる。そのとき、うしろにいたぼくの目を想像してみてよ。

かりに、ぼくが「人前でそんなことやるな」と注意したとしよう。その子たちは「なに言ってるの、このおじさん。わたしたち愛しあっているんだもののいいじゃない。誰にも迷惑かけてないでしょ。わたしたち幸福なんだもの、あんたに関係ないでしょ」などと言うに違いない。

そうしたらどう答える？　これは三木清のいう内的幸福であって、そういう幸福は存在しない。「幸福はおのずから表現されるもの、鳥が鳴く如く」なのだ。

たとえば、春、山に入ると鳥が鳴いている。その声を聞いて、うるさい、と思う人はいない。ああ、春だ、みんな生きているな。鳥の声を聞いて、なにか気持ちがよくなる。そう、本当の幸福とは周囲の人も幸福にさせる。ここが大事なのだ。

街を歩くと並木がある。あれはなくてもいい、邪魔かもしれない。だけど並木があると気持ちがいい。喫茶店はコーヒーだけ出せばいい。なぜ店のデザインなどに神経を使うのか。それは、人々をいい気持ちにさせることを考えるからだ。若い子たちには、そういう想像力が欠如している。

ぼくの三木清の解釈が果して正しいかどうかは、はっきりいえない。誤解しているかもしれない。だが、こうすることによって三木清の主張がぼくのからだを濾過して生まれ変わる。そのときは、もはや本体を超えたものになっている。

冒頭にこのような例え話をふると説得力がでる。だが危険性もある。政治家はよくこの手を使う。

人物描写

漫談『田中角栄物語』

田中角栄について、みんなが見ている方向とは違った方向から見る。

●田中角栄の発声の特長。発声は幼児期に決まる。

岸田国士は「ひとの育ちは人相ではわからないが、声の出し方でわかる」と言い、ある俳優は「声と顔が合わない人は役者は向かない」と言う。

●田中角栄と美濃部亮吉の生まれ育ちと話し方の違い。

角栄……田舎、農家、喉声、浪曲演歌、あいまい、語尾不明、情に訴える。

美濃部……都会、学者、鼻声、オペラクラシック、理路整然、語尾明瞭、知性に訴える。
●角栄型の声は情に訴え、妙に説得力がある。日本人は情にもろい。演歌には理屈がなく歌詞など読めたもんじゃないが歌になるといいことに似ている。「肩で風切る王将よりも……」。本来『歩』は奴隷根性、王将がいいに決まっている。
●乱暴な言葉づかいに親しみがでる。香具師《やし》（叩き売り）に近い。「かあちゃん、元気でやっとるか」「持ってけ、ドロボー」
●角栄型の発声は現実的で、言わば「日当」の世界なら通る。だが遠目は効かない。だから田舎では通るが、都会、あるいは世界を相手にするとなると通用しない。
●やましいとき人は饒舌になる。だが論理性はなく、何を言っているのかわからない。アーウーの大平元首相は非常に論理的で明解だった。田中角栄はその何倍もの量を喋っても、あいまいで、要旨をまとめると、少ししか語っていないことが多い。

喜劇とは

ルイ・ジューヴェの『演技論』によると、コメディアンは単なる喜劇俳優ではない。職業的俳優アクトゥールと対比させて、理想的な俳優をコメディアンと呼んでいる。コメディーというのは人間を典型的に表現することだということを、僕は体験的に知った。表れるものは特殊で、伝わるものに普遍性があるということだ。

僕はサルの演技を得意としている。観客に背を見せたままひょいと椅子に跳び乗り、後ろをふり向く。そこで観客はドッと笑う。それが最もサルらしい表現だと、観客の潜在意識にあるのだ。つまり普遍性である。よくやりそうな、のみを取ったり、お尻をかいたりの類型的演技では、観客は笑わない。

『芸人魂』に、四つの言葉をくりかえす酔っぱらいを書いた。(「好きなことはやれ」「ただし責任は持てよ」「世の中そんな甘いもんじゃない」「人間なんて汚いもんだ」を口にする店の客の話)その表れは特殊だが、みんなが「そうだ、そうだ」と納得する。そこに普遍性がある。ただ怒鳴るだけの類型的な酔っぱらいでは、おもしろくない。特殊な状況というのは、つねに観察しなければ見つからない。それも、ただ観察するだけでなく、自分の思想を持たないと見つからない。そして、典型を見つけるためには、対象をよく知らなくてはならない。より知ろうとする行為が愛である。

日本の文化は、「喜劇的に見る」というところが薄い。喜劇というと、滑稽なことばかりを喜劇だという。おかしな仕草をしたり、馬鹿なことを言って、ワハハと笑うことだと考えている。それも喜劇の一部ではあるが、上質な喜劇とはいえない。

生き方・暮らし

●成功と幸せは同じでない。貧乏でも、心地よい貧乏というものがある。

●希望と理想は違う。希望は欲望であることが多い。欲望は生命エネルギーである。理想は手に入らないもの。手に入ったら理想ではない。

●死ぬまで「生きるとは何か」と考えつづけた人は魅力的な人である。理想を追い求める。そこに芸術の意義がある。

●人の魅力は、その人が物事に対してどれだけ関心度が高く、深く、大きいか、ということと、好奇心と疑問心をどれだけ多くもつことができるかということでつくられていく。

●率直もいいが、つまらぬことを言って人を傷つけ、人からうらみを買う必要はない。しかし、人が気持ちよくなることは黙っていないで言ってみたらどうだろう。

●イヤなことは「笑い」にして勝つ。笑いはいちばん強い。

●ぼくは好きなことをやっている。だから「努力」してるんじゃない。教訓じみた話も嫌いだね。努力すれば結果が出せるという。しかし、結果が出なければ　努力しなかった、と決めつけるのはおかしい。

●一度、山から飛び降りたつもりになって、生活の中の物質的なものをグーンと縮小してみたらいい。「なんとなく、これがなきゃいけない」という常識に縛られないで、思い切って捨ててみる。ほんとに必要なものは少ない。そうすると経済がますます落ち込むというので、地域振興券、なんて変な話がでる。このあいだまで貯金しろと言ってたのに、こんどは使えという。支配者はいつもウソをつく。人格と能力のある政治家が出られないシステムになっているんだね。

●強い精神力を持つ必要がある。それが思想だ。日本で思想というと、翻訳のせいもあって、すぐ何々主義と考える。しかし、思想というのはすべてのものの考え方の根幹をなすもの。平たく言えば、俺はこれだけはゆずらない、というやつだ。それを偉い先生たちが難しくしてしまった。思想があれば強く生きることができる。

●僕は「まず人を喜ばせること、人を楽しませること、それが大事だ」と思っている。そういう考えが根本にある。もちろん、これはゴマをすれというような話じゃない。同じようなことを、永さんは「居心・地のいい場所をつくれよ」と言っている。

世の中あれこれ

●新聞の投書欄で不快に思うことがある。よい子、悪い子という大人の見方はおかしい。吉岡たすく先生はおもしろい。勉強ができなかった親は、こどもの六十点を見て「まあええやんか」という。勉強ができた親は、こどもの百点を見て「他にも、ようけおんのやろ」

●愛知のいじめの問題。校長が「把握していません」という。どういうこと？　決して、知らなかった、とは言わない。曖昧な言葉が横行している。

●民主主義は、多数決ではなく全員一致が理想。そのなかで、とくに少数尊重が重要。わずらわしいけれど、それがなきゃ民主主義とはいえない。

※「麻生表現研究会」ホームページより一部を転載。文責・太田陽太郎

白い絹のブラウス

山縣民子

私は四十代半ばで将来の夢の実現のために、三年間パートで働いていたが、体をこわし落ち込んでいた。そんな時に宮本輝の本に出会い、片っ端から読んでいた。その中の『メインテーマ』という題の本にマルセ太郎との対談が載っていて、「えーおもしろい！　人を見る目がおもしろい！」と感じ、ぜひ彼の芸を見てみたいと思っていた。

それまで猿まねやマルセ太郎という名を全然知らなかった。一九九三年、麻生区の成人学級でマルセ太郎のパントマイムの募集があり「これはこれは」と思ってすぐ応募した。それがマルセさんとの出会いである。パントマイムよりそのあとのお茶を飲みながらの話の方を楽しみにせっせと通ったものだ。当時、私には笑いが必要だった。今まで全く知らなかった世界をマルセさんの見事な話しっぷりを通してのぞき、何とそれは贅沢な時間であったことだろう。映画の話、芸人の話、身のまわりに起きた話、何もかも新鮮に思えた。

本も書かれ、芝居の脚本、演出もされ、講演もされた。でも何といっても私は一人芝居と舞台での世間話が好きだった。晩年は日本の現状を憂いておられ、哲学的な意見も多かった。しかし、ある時ぐらいから一線を越えているようにみえた。我々ぐらいの年齢になると、ある程度出来上がった自分の考え、見方をもっている。いちがいにそうとは言えないのではないか、という思いをもって彼の話を聞いていたことも正直言ってあった。
マルセ節　怒あり　知あり　爆笑なり
これがマルセさんには似合っていた。
でもBe動詞の話は味わい深い、自己の存在の大切さを説いている。フランス映画『仕立て屋の恋』で周りから嫌われている男のセリフ、「私も彼らが嫌いです」、これが自分の存在感なんです――で結ばれる。このものの見方に私はぞくっとするほど憧れる。マルセさんの映画を見る角度、人の存在感とこのセリフを結びつけるセンスにあのピカいちの話しっぷりが加わり、これ以上でもなければ、これ以下でもない、これ、この芸が好きだった。
彼が逝った後、世界は大きな音をたてて動いている。
今の世を　聞いてみたい　マルセ節
マルセさんだったら一刀両断にバサッとやり、そしてどんな「おち」をつけるだろうか、それを私は聞いてみたい。

「今、こんな面白い映画をやっています」と映画館の時間帯まで書いてあるのや、田中泯さんの公演先の道順まで書いてある葉書に、彼の律儀な誠実さと温かさが偲ばれる。二〇〇〇年の暮れに電話で、「『元禄御奉行の日記』、題名を思い出しました。これはおもしろい！　お勧めです。皆さん（表現の会）にもお伝えください」と言われ、これが最後の会話となった。マルセさんの「芸」や「生」に対する真摯な姿勢から私は多くのことを学んだ。

私がマルセさんを想う時、それは最高のピン芸、『ライムライト』のラストシーン——スポットライトに照らされ、ひらりひらりと白いブラウスが絡まるように両手で白鳥を踊られた——その彼の姿である。

野暮が嫌い

中島和子

マルセさんにお会いすると決まって映画談義になる。絵になる箇所をつかみとるのがうまい。驚くべきはその記憶力である。あのシーンがよかった、あの台詞は泣かせるなど、言われてそうだったと思い出す場面を鮮明に再現する。だから「スクリーンのない映画館」ができたのだろうが、ほんとうに感心させられる。

観たら人に話す、出し惜しみせず語る。これを繰り返すことが記憶を脳に定着させるコツらしい。奥さんはいつも最初の聞き役だそうだ。

マルセさんの話術の巧みさは、舞台でも普段でもかわらない。難しい内容もわかりやすく話す。なにげない話でも、その実、推敲された文章のように無駄がなく、ユーモアに溢れ、オチが用意されている。類いまれな語り手であるけれど、テクニックだけが優れているわけではない。その背景にある人柄が魅力的だからこそ、私たちはマルセさんに耳を傾けるのだと思う。

肝臓を病む身でいたのに少しも病人らしくない。淡々としている。マルセさんは私たちに、こうカツを入れる。「背筋を伸ばして前を行く人を追い抜くつもりで颯爽と歩きなさい。電車に乗って空席を見つけても座ろうとせず立っていなさい。もっと人にモテようとしなさい」。野暮が嫌いな人だった。

マルセさんが最後に遺していったもの

西口敏治

結局はあれが最後になった麻生表現研究会二〇〇〇年十二月の例会で、年明け早々に山田洋次さんと対談が予定されていることを、ぼくらはマルセさんから知らされた。山田さんの新作『十五歳　学校Ⅳ』が封切られたばかりで、対談は楽しみだけど、この映画をどう話題にするか、ご自身の評価があまり高くなかっただけに、マルセさんは困っておられる様子だった。「さすがです。安心して観てられました」などと無責任な感想を述べたぼくも、「どこが良かったですか」と、普段は一人でしゃべりっぱなしのことも多いマルセさんに突っ込まれて、概ね次のようなことをしゃべった。

残念ながら、今の公立中学校を舞台にして人間変革のドラマを描こうとすると、どうしてもウソ臭くなってしまう。山田さんはそういう現実をきちんと踏まえて、不登校の中学生が学校に戻っていくためには、学校からも、学校的尺度にとらわれている家庭からもいったん離れ、「旅」を通して人と出会うことが必要だった。しかも学校には、一人だけだが彼が戻ってくるのを待っていてくれる女の友だちがいた。そこに無理はなく、だから共感もできたのだ、と。いかにもガッコのセンセ臭いぼくの感想に、「映画は理屈で見るものではない」と一言、マルセさんはにべもしゃしゃりもなかった。魅力的な人間が登場し、成功とはいえなくても幸福な人生が展開し、心をつかんで離さない素敵なセリフが一つあれば——そんな尺度で映画を観てこられたマルセさんらしい一言だった。

年が明けて一月八日に行われた対談は、後に山田さんの手によってまとめられ『まるまる一冊マルセ太郎』に収録された。マルセさんは、あいさつもそこそこに速いスピードでしゃべり始めたと山田さんは書いているが、山田洋次という最高の聞き手を得て、マルセさんは存分に語り、演じている。

お二人は、喜劇をめぐって、特に俳優、芸人と観客との関係について、ずいぶん突っ込んだ話し合いをされた。しかも、どちらかといえば山田さんは観客の立場から、マルセさんは俳優、芸人の立場から迫っていて、両者ともに鋭い。

「観客というのは、日常生活じゃ余り利口じゃないのがいっぱいいるけども、いざ劇場の観客になると、不思議なことにみんな天才になるんだ」というルイ・ジュヴェの言葉を、山田さんが紹介し、さらに寅さんや渥美清さんに事寄せてこうも語っている。

「『ひどい顔だね』、しかも『ばかだねこいつは、まるで脳みそなんてものありゃしないよ』と言って、そいつが『何言ってるんだ、ばかやろう。俺だってたまに物を考えることがあるよ』『えー、驚いた、じゃ、何考えたか言ってみろ』みたいな会話が成り立ち、観客が腹抱えて笑えるためには、その俳優が本当はすぐれた人じゃなきゃいけないんじゃないかな。観客はそこまで観てる」「観客は役者の人格とか、人生観、世界観をちゃんと見通しているということでしょうかね」。

「お客さんというのは、決してばかにできないですよ」というマルセさんの言葉が、山田さんによってこのように明確にされていく。

その一方、「笑いの質ということではどんなふうにお考えですか」というマルセさんの問いに、山田さんは「笑いの種を見つけて無理して笑うというような笑い方と、思わずこみ上げてくる笑いがある。僕はおかしいというのは、共感していることだと思うんですけどね、おかしさを演者と共有する喜びとでもいうかな」と答えているが、演じ手として質の高い笑いを追求してきたマルセさんからすると、ここは物足りなかったはずである。

「大衆を、言葉が適当かどうかわかりませんが、裏切るというものがなきゃいかんと思うんですね」とマルセさんは語っているが、別のところでもっと明確に述べている。「笑いの質のちがいを、僕はこんな風に考える。たとえば、何でもいいのだが、『乗りもの風景』なら乗りもの風景を、お前はどこがおもしろいと思うのかと、客は芸人に問いを発している。芸人がそれに応えて芸を演じているのではないか。そこで応えた演技が、客の方でも素直に『そうだよな』と同感するのは、決して悪いとはいわないが、当たり前のレベルである。ところが客が思ってもいなかった、しかし潜在意識の中にあって、『そうだ』と共感するのが、より質の高い笑いである。より知ることから愛のある笑いが生まれるのである。うわっ面だ

けの知識で笑いをとる芸は卑しい」（『コメディアン』の笑い」前掲書）
共感するにもレベルの違いがあること、その上で、「対象への愛のある笑い」と「単に笑いをとるための卑しい芸」とを峻別する。マルセさんの面目躍如たるものがここにはある。

山田さんとの対談を終えた翌日、岡山の病院に旅立ったマルセさんは、それっきり生きて帰ることはなかった。二度とあの芸を観ることはできない。脳裏に深く刻み込まれているそれも、ぼくらが死んでしまえば消えてなくなる。しかし、マルセさんがめざしていた芸の世界、その究極のところは、最後の仕事となったこの対談記録に残った。

マルセさんの死が腑に落ちない

並木潤子

麻生文化会館でのパントマイム教室……講師はマルセ太郎氏。紺の作務衣姿で登場した彼は、今まで出会った誰とも違う。人間離れした圧力と、人間以上の人間味をもった人。技に驚嘆した。切断し、短くなった指でさえ、たおやかな蝶になってゆく。手足、胴体、そして目の色。思うがままに変化させ、繰り広げられる世界を見た。

あこがれた。少しでも芸を盗めたらと真似をした。真似をすればするほど、その難しさ、深さを思い知らされた。最初はマイム、そして語り口、最後は彼の生き方、と私の盗《と》りたいものが変わっていった。

それにしても、「それ、もう知ってる」や「ありきたりのやりとりじゃない」が、彼を通すとなぜこんなにおもしろい出来事に変わるのか。誰もいじめず、誰も馬鹿にせず、下ネタも、ブラックユーモアも、苦々しさもなく、ただ笑っているうちに心が濯《そそ》がれてゆく二時間のステージ。これは芝居でも同じだった。

「文章を書くように、言葉を瞬時に整理して話せ」「語順ひとつで落ちる話も落ちなくなる」「仕方話（身振りや手振りを加える話法）の技を磨け」。実践的なアドバイス。いや、教壇の前でひるむ私の背中をいつも押してくれる不思議な声。中年クライシス真っただ中の自分も、彼からすれば「まだ若い。これから何をしようか考え始めていい年じゃないか」。いつ会っても私は彼より三十年近く若い。「次は○○をする」「今度は××をやる」、彼はまさに歩く末広がりだ。そして、数え切れないファンのほんの一粒の私や私の子どもにも葉書をくれた。

彼は、生命力。彼は、源泉。マルセさんの死が、腑に落ちてくれない。ありえない。彼は死の対極にある人。

川崎市民講座発『麻生表現研究会』メンバー（神奈川県）
太田陽太郎（鍼灸師・翻訳家）、**山縣民子**（主婦）、**中島和子**（主婦）、
西口敏治（小学校教員）、**並木潤子**（高校音楽教員）

全十回のパントマイム講座終了後、参加者有志（十数名）が集い、マルセ太郎から身体を使った語りの表現方法を学ぶ会を発足。月に一度の勉強会は八年近く続いた。演劇関係者にとっては「受けたかったワークショップ」に違いない。抽象的な概念が目の前で具体的に演じられ、笑いの理屈が提示される。

当時、「『笑い』はインテリジェンスのある仕事」というマルセの持論は、日本のお笑い業界では受け入れられなかった。所属事務所が運営するお笑い芸人養成学校の講師として招かれ、いやいやながらに授業を行ったあと、二度と声がかからなかったことに象徴される。勉強が苦手だからお笑い芸人にでもなろうという生徒たちに向かって、「頭が悪くてはお笑いはできない」と一喝。適当におだてあげねば経営は成り立たず、社長からダメが出て、本人は正直ほっとしていた。

翻って、プロ志望というわけではない、この会の参加者たちの前では生き生きと笑いや語りについて教えることができた。彼らが、マルセのいう「選ばれた客」だったからにほかならない。そして、マルセ本人にとっても学ぶことが多い時間であった。

コラム4

文忌その四 マルセ太郎の『芸人魂』

梨花

著作『芸人魂』誕生秘話

マルセ太郎は長年文章コンプレックスがありました。

ネタ切れで苦肉の策で話した映画の話を語り芸として確立させたらどうかと、勧めたのが永六輔さんなら、本を書く、ということも永さんの後押しがあったからこそ完成したものでした。「マルセさん、そんなにしゃべれるのだから書けるでしょ」と講談社の知り合いの編集者に話をつけて、さっさとレールを敷いてくれたのです。

なんでも形から入る性質《たち》でしたので、各種の辞書や文章読本などを並べ、モンブランの万年筆を用意し、煙草を燻《くゆ》らせ「太宰みたいだろ」とかなんと言いながら最初は楽しんでいたものの、すぐにペンがとまり、こんなこと引き受けなければよかったなーと後悔し、挙句の果てには「あー、俺は作家にならなくてよかったー、これを職業にしたら寿命が縮むな」と言っていました。そうして約八か月ほどかかって書き上げた『芸人魂』は予想以上の反響があり、人に贈呈するたびに読み返しては、今度は一転して「うまいなー、天才だなー」と悦に浸っていました。

この本の完成には、ある人の一言におおいに助けられました。近所で親しくしていた女性が家に遊びに来た際、原稿の一部を見せたときのこと。文章がマルセ太郎らしくなく、硬いし、少し難しく感じた彼女は、いつものおしゃべりの方が説得力があり、心にぐいぐい食い込んでくる天才的な話〝芸〟が、なぜ文〝芸〟になると少しトーンダウンするのかと思い、一読した後でマルセにこう言いました。「どういう人に読んでもらいたいのですか?」。一瞬にして理解したマルセは「わかった」とひと言告げて、それまで書きためたかなりの量の原稿をすべて破棄し、いちから書き直しました。彼女は、一介の主婦にすぎない率直な感想に対するその行動に驚き、仕上げられた原稿は、話芸と同じく、唯一無二のマルセ流だったと後に語っています。

『芸人魂』には、プランB時代のことや夫婦でやっていたスナックの客の話、浅草演芸場時代の人物伝、生い立ちや家族のこと、お笑い芸について思うことなどなど、マルセ太郎のエッセンスがつまっており、内容には自信があったので、そこを褒められてもさもありなんという感じでしたが、文章そのものを評価されたことは本人にとっては意外だったようで、ことのほか喜んでいました。

私が二年半ほど海外放浪して帰国の日を知らせずに突然帰宅したときのことです。

さして驚く様子もなく、「お、梨花、いいところに帰ってきた」と、いま読み終えたばかりだという巻物の手紙を見せ、「誰からだと思う？　あの文章家の田辺聖子からだぞ。お父さんの『芸人魂』を上質の短編小説だと言ってくれている。そぎ落とされた文章がいいなんて、本人に自覚はないのに読む人が読むとそう取れるんだな」と言って、二年半ぶりに帰ってきた娘との再会に浸る顔も見せず、その手紙を嬉しそうに私に朗読させました。

ただ、この本のタイトルは、本人はもちろん家族にも当初評判が悪かったです。大和魂を感じさせる、〇〇魂というその表現への反発です。それを担当の編集者に遠まわしに伝えると、「マルセさんの言わんとする意味はわかりますが、単に芸人の書いた本だからと安直につけたのではありません。これを読んだ他の編集者たちが皆一様に、ここに書かれてあることこそが『芸人魂』なのだ、それ以外表現のしようがないと言っています」と返されたとか。

改めて読み直すと、内容はもちろん、本当に文章もいいなーと思います。

この本のなかに、「家庭主義」という章があります。文忌二〇一八で、私の母、つまりマルセ太郎の妻、金原良子について話をしましたが、その年の夏に享年八十で逝きました。そして、その母を追うように、昨年二〇二〇年二月、マルセ太郎長男、私の上の兄である金原伸介が他界しました。

テレビのディレクターだった兄が、息子として表現者としてマルセ太郎から何を受け継いでいたか、「おまえ、勝手にオレの代弁なんかすんなよなー」とあの世から言われそうですが、少しお伝えしたいと思います。

芸人の息子でテレビマン

伸介はスクリーンのない映画館やマルセカンパニーの芝居ではなく、お笑いのマルセ太郎が好きでした。父が余命一年と宣告されたとき、芝居の新作はもう止めて、お笑いの芸をとことんやる生の舞台で全国を、母を連れて周ってきたらいいと助言したくらいです。

また、テレビのディレクターだった伸介はマルセ太郎のスクリーンのない映画館や芝居によく注文をつけていました。

「二時間しゃべってもたせられる芸人がどれだけいるか?」と自慢げに言う父親に対して、「でも親父は三分じゃ何もできないじゃないか」とか、黒箱ひとつで演じるスクリーンのない映画館について、いつも同じスタイルではなくて一度演出家を付けて、例えば音楽や明かりや舞台装置など〝新しい〟スタイルでやってみたらどうかとか言っていました。

そして究極、映画自体は他人が作った作品だからという意味で、「ひとのもの」をやっていないで創作したものをやるべきだ、とか。まあ、オリジナルという意味においてもお笑い芸のマルセ太郎を好んでいたのかもしれません。

マルセカンパニーの一本目の作品『黄昏に踊る』が客には大いに受けたにも関わらず、テレビの仕事以外に当時小劇場のプロデュースもやっていた伸介は、「おやじの言いたいことを役者にセリフを分けふってしゃべらせているだけじゃないか。ドラマツルギーもケレン味も何もあったものじゃない、ひとり語りでできることを芝居にしても意味がないだろ」と手厳しかったです。

全国公演を果たした『花咲く家の物語』にいたっては、舞台になる知的障がい者六人を含めたグループホームをマルセ太郎が訪問する最初の場面を本人が演じているのですが、そこでマルセ太郎が〝いい人〟として描かれているのが気持ち悪いと言い、ラストの桜が下りてくるシーンでは、単純な舞台美術(しかけ)に学芸会じゃないんだから、もっとお金をかけるところにはかけないと、と。

そういうとき父は「あいつはわかってないなー」と私に同意を求めて愚痴をこぼしていました。

しかし時には実になる助言もしています。

マルセ太郎自身のルーツを喜劇にしようと取り組んだ『イカイノ物語』。

在日朝鮮人のことを描こうとするとその背景となる歴史や政治、社会についての部分も大切になる。あれもこれもと訴えたいことが増え、逆にそれなしではまるで嘘っこの話になってしまう。しかし喜劇からは遠のく。台本を書くペンがとまっていると、伸介が助け舟を出しました。

「主役をてっちゃんのおじちゃん（大阪で洋服のプレス業を営んでいたマルセの四歳下の弟）にしたらいいじゃないか。難しい話を前面に出すんじゃなくて、在日の家族を描いて、日本人に『在日っておもしろいな』って思ってもらえるような、差別してきた側がうらやましくなるような、そんな家族を、おじちゃんを中心に描けよ」

その言葉で一気に書き上げることができた作品です。

マルセ太郎から息子として何を受け継いだかを語る前に、マルセ太郎に息子としてどんな影響を与えることができたかの例だと言えるでしょう。

在日朝鮮人二世のマルセから三世の子どもたちへ

伸介は旅などの情報番組、クイズ番組、お笑いでは、『夢で逢えたら』『笑っていいとも』『ドリフターズ』、ドラマでは『氷点』、また東日本大震災では被災地のその後をレポートしたドキュメンタリーなど、いろいろな番組の制作に関わっていました。

兄が制作した番組に対して、父が直接意見をするということはなかったと思いますが、もし生きていたら、晩年の舞台で近況報告として兄の息子である初孫のあれこれについて語っていたと同じように、きっと伝えていたに違いないと思う兄が制作した番組があります。

竜介や私が「金」姓を名乗るのと違い、「俺は金原伸介だ」と言い、三人きょうだいのなかでは一番朝鮮への関心が低かった彼が、マルセの死後、はじめて韓国を取材しました。テレビ東京の『そして音楽がはじまる』という三十分枠の番組で、毎回、ある一曲をとりあげ、その曲にまつわる話で綴られます。兄はエルトン・ジョンの『ユアソング』、ビリー・ジョエルの『オーネスティ』、森山良子の『さとうきび畑』などを担当、どれも素晴らしい番組でしたが、なかでも、『アリラン』は、自ら企画書を書き、心に残る作品となりました。

日本人は『アリラン』というと、♫アーリラン、アリラン、アーラーリーヨーというあれ（京畿《キョンギ》アリラン）しか知らないようですが、珍島《チンド》アリラン、密陽《ミリャン》アリラン、各地域にアリランがあります。

そのなかの旌善《チョンソン》という、アリランの故郷と言われる地で、市場の人々やある家族にインタビューしてアリランを即興で歌ってもらっています。歌詞も十人十色。彼らは言います。夫婦喧嘩してもアリラン、仲直りのときもアリランを歌うのだと。いまならば、架空のアリラン峠は三十八度線かもしれない。

また、二〇〇二年FIFAワールドカップを日韓合同で行ったとき、サッカースタディアムで歌われたのは、ロック調のアリランでした。ソウルに流れる漢江《ハンガン》の河川敷で輪になってロックアリランを歌う若者たちに、「あなたたちにとってアリランとは?」と尋ねるシーンも挿入されています。

それから、日帝時代につくられた映画『アリラン』の主題歌として広がったのが有名ということで、当時の映画のポスターにテロップをつける際、日本の植民地支配に関する記述を入れる段になって、上からの圧力でダメを出され、ぎりぎりまで闘ったこと、結果それは妥協せざるをえなく大変悔しかったと語っていたことも忘れられません。

マルセ太郎は六十歳近くになって初めて出した本『芸人魂』で自分の出自を明らかにするまでは、自身が在日朝鮮人二世ということは公言していませんでした。同時に家庭内においても、ことさら子どもたちに朝鮮人としてのアイデンティティーを受け継がせようということに積極的ではありませんでした。

私は東京で生まれ育ったので、父や母の親戚に会う正月や法事などで出される食事や作法のことを「大阪」の文化だと勝手に思っていたくらいで、忘れもしない小学校二年生のときに、銭湯で母から私が日本人ではなく朝鮮人であることを告げられるまでは、一世の親戚のおばあさんが話す朝鮮語も年寄りが話す大阪の言葉として理解していた節があります。

伸介の場合は、中学一年のときまで知らなかったようでした。入学式の日、自分のクラスを知るために張り出された名簿から「金原伸介」の名を探しても見つからず、「ない、ない」と不安げななか最後尾末に「金伸介」とあり、「キンってだれ？」ととまどう兄の顔に胸が痛んだと母が話してくれたことがあります。

竜介が大学時代から金姓を名乗りはじめ、弁護士として在日問題と関わったり、また、私が大人になってから韓国舞踊を学んだり、ソウルに短期語学留学をしたことに比べて、伸介は学生時代もテレビマンになってからも格別「在日」カラーを出していなかったので、この番組制作は意外でした。

ただ、三人きょうだいのなかで一番朝鮮半島に対する関心は薄いと言いましたが、「在日の長男」を背負っていたことは確かです。酒は酌み交わしても、たばこは「もういいぞ」と言われるまで父の前では絶対に吸いませんでした。特段父がそうしろと言ったわけではありません。そして祭祀《チェサ》（法事）の礼の作法は美しく板についていました。正月でいとこ同士がわいわいはしゃぎまわっているときも、長男の長男ということで兄は小さい頃から大おじの横に座らされていました。朝鮮語《ウリマル》もできず、歴史も文化も知らずに日本の公教育を受けて育った私たちにとって、まあ、女性側からみて問題大ありのこの祭祀ではありますが、唯一自分たちのルーツとつながれる場であり、時間であったことに違いはありません。

二十年前（二〇〇一年一月）の父との別れ、火葬場での出来事を思い出します。

棺に蓋が閉められ、参列した人たちが順々に最後の焼香をしていきました。手を合わせて合掌する、よく見る光景です。そのあとで足をけがし松葉杖をついていた伸介の番になりました。私が瞬間「あ、お兄ちゃんやるな」と予感した通り、伸介は松葉杖を放り投げ、片足でふらつきながら、床に手をつき、その場で朝鮮式の三度の礼をしたのです。

その伸介も昨年、五十七歳という若さで逝ってしまいました。

常に社会的弱者の視点に立ち、真実に迫ろうとした番組づくりに対し、伸介が独立する前、長く在籍していたドキュメンタリー番組には定評のあるテレビマンユニオンという制作会社の元上司が、通夜の席でこんなことを言ってくれました。

「金原さんに任せれば間違いはないといつも信頼していました。彼の作った番組はどれも名作です」

マルセ太郎の血と魂を受け継ぎ、映像の世界で活躍した金原伸介のことも記憶にとどめていただけたら幸いです。

「笑いを生きた」親友からのリクエスト

マルセ太郎は父親を中学生のときに亡くしていますが、もし長生きしていたら、自分は芸人にはなっていなかっただろうと言っていました。日本でもそうでしょうが朝鮮では長男への期待は格別で、祖父は父を医者にさせたかったようです。そして幼少のころからしゃべりすぎることを案じていたとも。

しかし、その「しゃべり」が、その「笑い」の芸が、死の淵にある人さえ救うという点においては医者もかたなしかもしれません。

この『芸人魂』に、愛してやまなかった母校、大阪の高津高校時代の親友、中岡義徳さんについてページを割いて書いています。

肺がんの末期だった中岡さんを見舞ったときのこと。日曜日で小さい子も含め親戚の人たちが狭い病室に深刻な表情でいるなか、枯れ枝のようにやせ細り、かぼそい声になった中岡さんが、義兄弟たちに目をやり、「あいつらな、お前のこと知りよれへんね。芸を見せたってえな」と言ってきました。あと何日もつかわからない身でありながら、元来のサービス精神で場を盛り上げようとする親友に対し、何というやつかと呆れながらもマルセは芸をはじめます。

最初は空気が重かった室内もだんだんとほぐれ、サルの形態模写で四つん這いで駆け巡ったときです。ドアが開き若い看護師が入ってきました。マルセはサルのポーズのまま振り返り、静止すると……。「な、何をしているんですか。患者さんがどんな状態かわかっているんですか。みなさん、さあ、出てください」と外に追い立てられてしまいました。五十を越えたおじさんが二十歳そこその女の子に叱られて面目なく頭をさげる姿を見て、嬉しそうに笑う中岡さん。「そのあとすぐに彼は逝った」と綴られています。

マルセは言います。「自分は『笑い』を作っているが、中岡は『笑い』を生きていたのではないか」と。

『芸人魂』にはこうしたマルセ太郎の身近な人物が多く登場します。読者からの「こんなにいろいろな人に出会えた人生が羨ましい」という声に対して、「本当は誰にだってそうした出会いはあるはずなのに気づかないだけ、もしくは上手く表現できないだけだろう」と言っていました。

理想を求めた継続が力となるとき

私がマルセ太郎という芸人を間近で見ていて学んだことは、「理想をバカにしてはいけない、バカにしたら必ずしっぺ返しを食らう」ということ、そしてそれを忘れなければ、あきらめなければ、必ず力はついてくる、いうところの「継続は力なり」ということです。

今日ご覧頂いた映像は最晩年のもので、安心してその芸に浸ることができます。しかし、最初からそうだったわけではありません。身体の動きは天性のものがあったと思いますが、本人も自覚していた通り、噺家《はなしか》のような流暢な語り口調ではありません。最初のころの『泥の河』は映画の尺と同じように二時間以上かけて語っていたので盛り込みすぎの感が否めませんでした。また渋谷ジァン・ジァンで、十時劇場という夜十時から一時間の枠のなかで新ネタを下ろすときは、身内の感情そのままにどきどきして見ていました。あー、とか、うー、とか、つなぎもぎこちなかったり、役名をぽろっと忘れてしまったり。

「話すように書き、書くように話す」ことも、長年の文章コンプレックスを返上させた『芸人魂』執筆以降、喜劇作品を書き下ろし、エッセイを寄稿するというその過程から会得していきました。

そうして自身の「笑い」を追求し、語り、演じ続ける最後の最後まで、「全身マルセ太郎」だったのだと思います。まさしく、芸人魂を燃焼しつくした人生だったと言えるでしょう。

文忌《もんき》二十年を越えて

文忌の記録

「永さんに名付けていただいた『文忌』。先のことはわかりませんが、私の中に生き続けるマルセ太郎さんを偲び、学び続ける一年に一回の機会と考えています。想いとしては、死ぬまで、集まる人数に拘わらず続けたいと思っています。」

中島淳はその言葉通り、二〇二三年現在まで、毎年マルセ太郎命日近くに「文忌」を開催している。

マルセ太郎を偲ぶ会「文忌」

2002年1月26日	大阪 焼肉亭「高橋」にて、マルセ芸ビデオ鑑賞・『芸人魂』朗読・交歓会
2003年1月26日	神戸「こうべ甲南武庫の郷」
2004年1月24日	大阪「風まかせ人まかせ」
2005年1月22日	神戸「たまいち」
2006年1月22日	大阪「コラボ玉造」
2007年1月21日	神戸新聞松方ホール・ホワイエ 神戸芝居カーニバル実行委員会主催公演終了後、出演者を交え、「マルセ太郎との思いで」を語る時間を持つ。
2008年2月9日	神戸新聞松方ホール・ホワイエ
2009年2月21日	神戸新聞松方ホール・ホワイエ
2010年5月23日	神戸新聞松方ホール 「甦れ！マルセ太郎—没後九年、二〇一〇文忌」 出演　松元ヒロ（スタンダップコメディ）、オオタスセリ（コント）、大塚善章（ジャズピアノ演奏）、田中泯・梨花・中島淳（座談会）
2011年3月19日	神戸新聞松方ホール・ホワイエ
2012年1月29日	神戸新聞松方ホール 「没後十一年マルセ太郎を偲ぶ会」 出演　木津川計（講演「マルセ太郎の語り芸」）、オオタスセリ（おひとりさま劇場）、小室等（ミニコンサート）、永六輔（サプライズ出演）

2013年2月24日	神戸アートビレッジセンターでの神戸芝居カーニバル実行委員会主催公演終了後、「源吉」にて出演者を交えた偲ぶ会
2014年3月9日	右に同じ
2015年1月24日	メガネの三城三宮店コミュニティルーム 『マルセ太郎講演会』の記録映像を上映 梨花トーク「マルセ太郎の笑いの深化」 金竜介講演「弁護士に受け継がれたDNA」
2016年1月23日	神戸市勤労会館 『息子』上映 金竜介講演「ヘイトスピーチをなくすために」 梨花トーク「劇作家としてのマルセ太郎」
2017年1月22日	神戸市勤労会館 『泥の河』上映 金竜介講演「憲法が生きる社会へ」 梨花一人語り「茶色の朝」＆トーク「マルセ太郎と憲法」
2018年1月22日	神戸市勤労会館 『生きる』上映 金竜介講演「沖縄と在日コリアンへの偏見を煽る番組『ニュース女子』」 梨花オーディオドラマ「南の島の雪物語」＆トーク「マルセ太郎の〝生きる〟—家庭主義者の芸人—」

2019年1月20日	神戸市勤労会館 『息子』上映 金竜介講演「在日コリアン弁護士に対する大量懲戒事件」 梨花トーク「マルセ太郎と中毒患者—語りのススメ—」
2020年1月26日	あすってぷKOBE 『殺陣師段平物語』上映 金竜介講演「記憶は弱者にあり」 梨花トーク「マルセ太郎の幸福論」
マルセ太郎から学ぶ「文忌」	
2021年1月31日	神戸市勤労会館 『お笑い寄せ芸と泥の河』上映 金竜介トーク「マルセ太郎の生きた社会と現代の日本」 梨花トーク「マルセ太郎の〝芸人魂〟」
2022年1月23日	あすってぷKOBE 『中村秀十郎物語』上映 金竜介トーク「マルセ太郎の哲学～本物とニセモノ」 梨花トーク「マルセ太郎の『個』とは何か」
2023年1月22日	神戸市立婦人会館 マルセカンパニー喜劇『春雷』上映 金竜介トーク「マルセ太郎の言葉を語り継ぐ」 梨花トーク「マルセ太郎の喜劇論」

文忌スタッフと参加者の声

中島淳が事務局長を務める神戸芝居カーニバル実行委員会のメンバーの二人と、文忌の参加者に、マルセ太郎死後二十年余を経て今回改めて執筆依頼をした。

文忌でのマルセ太郎公演ビデオ上映は、生の舞台でないと届かない芸だと本人が強く思っていたことに反して、映像でも伝わることを毎回痛感する。もちろん、生のそれには敵わないにしてもだ。

アンケートの声を少し拾ってみよう。

●初めてマルセ太郎さんの芸を観て感動しました。
●話藝もさりながら、彼の魅力は物語を再現する緻密さにあることを再確認しました。
●私はシアターχでの公演を何度か観ていたので、作務衣のイメージが強く残っています。背広姿での公演は少し驚きました。背広の背中が肩口からびっしょり濡れていた大熱演に感動しました。言葉だけではなく、体での表現で映画へのストーリーに絶妙に挿入されており、ボードビリアンとしても本当に一流で、すべてが相まって〝ザ・マルセ版生きる〟になっていることにも驚きました。
●父と息子の関係が希薄な私にとってマルセさんのこの舞台のなかで父と息子の関りを感じさせていただき、しみじみと泣き、ふつふつと笑いました。
●二十数年振りにマルセさんの「息子」を見ましたが、こんなにも笑いの多い場面ばかりとは思いませんでした。しっかりサゲもあって、山田監督の本作よりも、マルセ太郎の視点でより一層面白さが加わっているのも発見でした。この当時はファックスがとても新鮮で素晴らしい文明の利器とは思いましたが、二十年経つとネット社会で、このような映像は到底無理ですね。

●毎回参加させていただくのもマルセさんの語り、芝居を味わいたいからです。何度も何度も味わいたい。人間を物語を自分の身に写し取って表現できることは静かな平和への道と思えます。

以下三名の寄稿文は二〇二二年秋に執筆されたものである。

おやこ劇場の立役者

米川綾子

マルセさんとの出会いは、子ども劇場おやこ劇場全国センターの事務局研修会に参加した時のことです。私は当時伊丹在住で、兵庫県の事務局をやり始めたころでした。研修先の北海道の定山渓ホテルの宴会場で、『泥の河』を全国から集まった事務局のメンバーたちと観ました。映画を丸ごとマルセさんが語りによって再現するという、今まで見たことのない世界でした。

それ以降『泥の河』は、全国に広がった子ども劇場おやこ劇場運動で高学年に成長した子どもたちにと、七百か所あまりの劇場の多くが公演してきたのではないかと思います。劇場運動の一時代を築く大きな役割をマルセさんに担っていただいたと思っています。

その後、神戸芝居カーニバルで再び出会い数多くの作品を公演することになりました。

マルセさんにはいろいろなことを教えていただきました。特に映画の話をするマルセさんはとても魅力的でした。マルセさんから聞いた面白い映画はＤＶＤを借りてきては観ましたが、その中でも韓国映画の『われらの歪んだ英雄』は全く聞いたことのなかった映画だったので特に印象深い作品です。

肝臓癌の治療を国立癌センターから岡山の川崎病院へ移されてからは、定期的に入院されるたび、お見舞いに伺いました。パジャマから背広に着替え中折れ帽をかぶり、カフェに行こうと誘ってくださるその姿は、いつも病人とは見えないおしゃれなマルセさんでした。

公演の後の打ち上げのときと同じく、おしゃべりは楽しく、特別な時間をいただきました。

今生きていらしたら今の社会状況をどんな言葉で切られるだろうかと、やっぱりもっと長く生きていただきたかったといつも思い出します。

米川綾子（神戸芝居カーニバル実行委員会・兵庫県）

「おやこ劇場」を通してマルセと出会った彼女が、その後、独演会やカンパニーの芝居を主催するスタッフとしてさらに深く関わるようになるとは、人の縁の不思議さを思う。

おしゃれ心のある人は他人の装いにも敏感だ。神戸に行くと、必ず口に出して褒めてくれる彼女の存在は、マルセにとってても張り合いがあった。長く続いた売れないころ、舞台衣裳以外にお金も気も

——かけられなかったため、晩年はことのほかお洒落を楽しんでいたマルセである。

※おやこ劇場……別名子ども劇場とも呼ぶ。親子で舞台芸術を鑑賞し、子どもの感性を育むために一九六〇年代福岡で誕生し、全国各地に広がっていった会員制の組織。団体運営は参加者自身にゆだねられている。

共鳴の人

李圭燮

マルセ太郎さんとの出会いは『泥の河』神戸公演の観劇でした。高校時代の親友からの誘いだったのですが、その友人の紹介で、いきなり楽屋でお話させてもらったことを鮮明に覚えております。初対面のマルセさんと同じ在日コリアン二世ですと切り出し、大阪出身の在日二世作家の梁石日《ヤンソギル》さんの映画化された小説『血と骨』。在日一世の激しい生き様に「こんなん日常でまだ描きたらんくらい酷かったな〜」と妙に相槌を打ったりしつつ、在日よもやま話をとりとめもなくしながら、言わずもがなの何か波長が合うみたいで、その後「神戸芝居カーニバル」のスタッフの一員としても関わり、長いお付き合いとなりました。

勿論、マルセさんの芸にどっぷりと惚れ込んだ一人ではありますが、一方では、私より一回り以上年上のマルセさんですが、たまにひょっこり出会う優しい兄貴みたいに接していただいたことをうれしく思い出します。実際はいつもほぼマルセさんの独演会で、私はほとんど聞き役でしかなかったのですが。マルセさんは、在日のルーツに強烈に縛られながら、何とかそこからフリーになりたいという光と影一体の複雑なパラドックスを抱えられ、またそれが、マルセさんの芸人魂のバックボーンになったのではないかと、同様の想いを重ねる私としてはそう思います。

お会いした当初、マルセさんは、在日コリアンのいわゆる民族運動家や左右問わずの政治家に、どこか嘘臭さを嗅ぎ付け相当強烈に反発心をもっておられたと思います。在日コリアンの政治的変遷を少し細やかに見てみると、主義主張やお題目がいかに脆くいい加減な物かを知ることができると思います。マルセさんとも大いに意見一致をみたものです。

私自身も五十年以上、その所謂《いわゆる》民族運動を続けてきた者の一人なのですが、私自身は人としての自然な発露の以下でも以上でもないということを、マルセさんにお伝えしたことがあり、マルセさんは「そうなんか……」と軽くうなずいておられたと記憶します。

マルセさんから口癖のように言われたことがあります。「物事には、政治であれ何であれ、右も左もない。本物か偽物かしかないんや!」ということです。これはマルセさんの座右の銘であると共に、ご自身の生き様と芸の神髄であり、自らへの不断の叱咤激励ではなかったかとおもいます。本物こそ弱者の記憶への共鳴があり、また私たちへの残された大切なメッセージだといつも感じ入っております。何事にも軽いこの時世、強さと脆さが重層した眼光鋭い眼差し、何とも言えない愛嬌、底抜けの思いやり、そして現在進行型の共鳴をし続ける、そんな出会うに稀有な存在となりました。

李圭燮（神戸芝居カーニバル実行委員・兵庫県）

「個だよ、個」と、ことあるごとに言っていたマルセの組織嫌いは、政治活動にのめりこんだ高校時代や、上京し小さな劇団で演劇を学んだ若かりし頃の実体験が関係しているのだろうか。この辺りのことを周囲にもらしたことはなく、想像の域を出ないが、とにかく名刺の肩書の看板が大きければ大きいほど、斜に構えて観察する癖があった。

しかし、相手を頑《かたく》なに受け入れないわけではなく、自分の偏見や誤解だとわかると、相好を崩して付き合うことができた。

長年にわたり民族運動を牽引《けんいん》してきた彼とも、団体の長としてではなく、個として信頼する関係を築いていったに違いない。

「誕生パーティー」についての一考察

加藤正太郎

ある年の文忌で見た映像が忘れられない。私が記憶しているそれは、実際に上映されたものを改変し、縮約したものになっているだろう。けれどもいま一度、この記憶映像を再生してみたいのである。

ある日のダイニングルーム。腰を下ろして横顔を見せているマルセさんは、僕はね、と語り出したかと思うと、誕生パーティー批判を始めるのであった。いきなり、である。そして、我が意を得たり！であった。私も、誕生日を批判したいのである。誕生パーティーというものが困惑この上なく苦手なのである。ハッピー・バースデーなどと聞くと、どこか誰も知らない最果てへと遁走したくなるのである。

そもそも人は、自分の誕生日をなぜこうも易々と信じているのであろうか？　生まれたばかりの私に月日が認識できないのであってみれば、思い出すこともできないであろう。つまりは役所の書類も証明にならないのは、私が届け出たものではないからなのだ。したがって私には、その日がハッピーであることはもとより、むしろある日をハッピーとすることが、怪しく思われるのである。もしかしてこれは、地球の周回を言祝いでいるのであろうか。私が遁走したいのは、宇宙と個人を短絡するその「おめでたさ」からかもしれないのである。

こんな調子だから、国家や大資本の企みに易々と乗せられてしまうのである。二月十一日の「建国記念の日」は紀元節の復活である。二月十四日の「日式バレンタインデー」は、確か製菓会社の発明である。毎月二十九日は、あるハンバーガー・コーポレーションによれば、「肉の日」なのである。

告白すれば私は、以上のような想念が一挙に押し寄せて来たために、マルセさん自身が展開した論点は忘れてしまったのであった。けれども、一言聞くだけで同志とわかる言葉があるものなのだ。とにかく異議なし！なのであった。

ところがなのである。おそらくは息を継いだその瞬時のことであっただろう。ある合いの手をきっかけとして主客は逆転したのであった。「……いいやんか。ひとつのお遊びやん……」。マルセさんの舌鋒は空を切り、子どもをあやすかのような声と笑顔に阻まれ、包まれて、その勢いは失なわれていくのであった。そしてついには、「私もしてもらいたいわ〜、誕生パーティー。」と追撃のうえに最終宣告されて、映像はなんと、マルセさんが約束させられてしまうところで終了するのである。やろぅ、やろぅ。こんど、誕生パーティー、やろう……。ああ、いとおしいマルセさん。

私も道づれに敗北したかのようであった。あれは企みでも短絡でもなく、ひとつのお遊びである可能性があったのである。そして私は思い返すのであった。そもそも私が見たこの映像は、特異な作品ではなかったかと。

くっきりとした一つのストーリーであるにもかかわらず、開始を告げる合図がなされた印象が少しもないのは、こうした家庭内演説会が日々ときを選ばず開催されていたためであろう。ところが所謂ドキュメンタリーでもないのは、会場と観客が異なるだけで、マルセさんはやはり芸を演じているからだと思われるのである。そしてここでいう演技とは、自己批評のことなのである。

「僕は、自分の芸を、客よりうまく分析し、解説してみせることができる」と書いたマルセさん。私はこれを「誰よりも」とさらに強い言葉で記憶し、いつしか演者が「誰であれ」感想を言いたいときの骨格になってしまったのであった。この日の演目「誕生パーティー」についても数々の分析がなされるであろう。私が誕生日試論を「ぶった」としても「それはすでに考えた」と返されることだろう。私が憧れるパフォーマーは、私たち観客が考えることのほとんどすべてを、すでに考えているのである。

ある公演では観客が一人きりであったというマルセさん。私は、その一人に激しく嫉妬する一人である。私は自分の分身で会場を埋めたいのだ。マルセさんがあちらを向けば、そこにも私がいるのである。私が憧れるパフォーマーは、そのときその場で考えることを、少しも厭わないのである。

予習を尽くして翻弄される。マルセさんの「誕生パーティー」は、ある探求の始まりを演じていたのであった。言葉を尽くしながらある交感に翻弄されて、ひとつの沈黙に触れているのである。人は自分の誕生日を自分では確かめることができない。けれども人は、人が語ることを信じているのである。しかしその信頼に深さがあるとしたら、自らその来歴を疑うからこそなのだ。

加藤正太郎（元高校教員・大阪府）

数学教師として最初に赴任したのはマルセの母校でもある大阪府立高津高校だった。

マルセは、ある時期から学校公演を積極的には引き受けなくなった。特に高校での、さらに言うなら観劇の機会がない町ならともかく、都会の学校の生徒なら、身銭を切って見に行け、という思いがあった。授業の一環として、見ることを強制される生徒たちに向けて演じる苦痛もあったろう。

こうした批判に対しても我が意を得たり！と思ったかはわからないが、他校に転勤したあと、高津の元同僚がマルセを呼びたいというので、彼は応援団のひとりとして出演依頼に同行した。母校で後輩たちを前に錦を飾るという気持ちなどさらさらないマルセをどう説得したのだろう。「ああ、いとおしいマルセさん」という瞬間がそこにもあったと推測する。

ちなみに、彼は一九八〇年代に田中泯を招き学校公演を実現させた。

「強い言葉で言えば、泯さんやマルセさんを呼ぶことは、ひとつの闘争なのです。なぜなら『学校全体でやる』ことには、『悪いこと』が多いからです」と語っている。

コラム5

書けない理由《わけ》
——瀬戸芳子（Kicoシネマ主宰　福岡県）と森俊介（獣医師　佐賀県）の「往復書簡」

梨花

マルセ太郎の死後四か月が過ぎたころ、広島の池田正彦からの発信はこうだった。

「全国各地でマルセ公演を支えた人たちを中心に、マルセ中毒によるマルセ中毒のための本づくりをすすめながら、それぞれのマルセ太郎を紙上の舞台に再現させたいとねがい、このような企画を準備しました（といっても、ファンの自己満足のための会報的なものではなく、マルセ精神が本当に生きたものをめざして）」

全国のファンから執筆者をリストアップする作業は、並木成男（スタジオBeフリー運営／全国マルセ太郎中毒患者会機関誌『さるさる』編集発行）と、内田直樹（渋谷ジァン・ジァンを経て独立／マルセの地方公演制作）にまかされた。そして、個人的な交流があった人たちは梨花が引き受けることになった。

送られてきた原稿は、スタイルの違いを含め、内容も、舞台の感想・描写・分析、私的なエピソードなど様々であった。「はじめに」で記したように、寄稿文にはなるべく手を入れず、そのまま掲載することを基本とした。こうして、今回新たに依頼したものを含め、四十八名の文章を掲載することとなった。

ところが、これで全て、と思われた矢先、記憶の彼方に消えていた一点が編集作業中に発見された。

書けない。書きたくない。書く段階にいまはない。原稿を依頼された瀬戸芳子から、代わりに書いてくれないかと打診された森俊介へ。心の内を吐露したやりとりがメール上でなされた。その「往復書簡」を原稿として差し出され、「掲載の有無はおまかせします」とあったのをすっかり忘れていた。

瀬戸芳子と、彼女と一緒に二〇〇一年『イカイノ物語』福岡公演を成し遂げた、森俊介のやりとりは、こ

んな風だった。（一部を抜粋）

瀬戸　原稿の依頼が届いたんですよ。書けなくてねぇ、つらいねぇ。

森　まあ、いい機会ではありませんか。ひねり出したら、明日が変わるかもしれない。

瀬戸　そうかもね。しかし、ひねりだす力が出てこないんだなあ。

考えたくないというか、見たくないというか、イカイノ実現のために体中からあらゆるものを吐き出したからね。からっぽ、いまだに。

そんな私に代わって、森さん、原稿書きませんか？

福岡公演（九州）で一番適任のような気がするのだが。

森　ご冗談を。「あたしゃ書きたくないよ、書けないよ」でもいいから、ぶっちゃけてみてはどうですか？　それともそんな余裕はないのかな？

瀬戸　うん。余裕というより、やっぱり現実逃避です。「こういうことがありました」的な振り返りかたはとっても無理。

かといって、「今の私のマルセさん」的も無理。

だから、森さんに。広島の池田さんも、森さんならいいと思うんです。

このとき、マルセが逝って一年五か月、『イカイノ物語』福岡公演から一年二か月が過ぎていた。マルセ太郎とは彼らにとってどんな存在だったのだろう。池田からの原稿依頼を瀬戸から「転送」された森はこう返す。

森　いろいろ考えてみました。

マルセはマルセであって、他の誰にしても、マルセの代わりになれるものではない。

中毒患者は中毒患者で、かなりの温度差があります。

そんな中で、同じ土俵の中に押し込んで一冊の本を作ることの意義を見出すことが困難です。

いま自分たちに出来ること。それは、自分自身が自分のマルセ太郎になって、その生き方を全うすること。

瀬戸　それ以外に考えることが出来ません。

原稿が書けないのは、森さんが言うように温度差、だと思う。

私は、マルセを企画するのに、楽しかったけどつらかった。

「責任」におしつぶされそうになった。

でも、きちんとつながりたいと思って学習もした。

結果は演目選定。例えば『ライムライト』と『生きる』。

同じ年の作品。チャップリンと黒澤。

それをマルセが演じる。そんな売り方を考える。

それが私の「責任」だった。

取り組む実行委員会もメンバーもマルセもやる気になるような企画の「責任」。

そしてそれを契約どおり支払う「責任」。

重かったんだな、でも、楽しかったのか続いた。

はるかにマルセの魅力に捕らえられて。

森　うん、とても良くわかります。

瀬戸　次はこうしてやろう、とマルセに挑戦していたんだな。

『ライムライト』の翌朝、見送りの博多駅で、マルセは私に言ってくれた。

久しぶりに演じたという彼に、

「六十を過ぎたいまのマルセさんの『ライムライト』を見たかったんです。

もっとやってください。待っている人がきっとたくさんいるから」と返すと、

「年をとってわかることもあるんだな、きっかけをありがとう」と。

こんなふうにマルセに言ってもらえる私は幸せものでしょう。

誰が持つマルセも侵したくない。

私はまだ私のマルセと会話していたい、そのつぶやきを侵されたくない。

森　瀬戸さんはもう十分に応えてくれていますよ。

瀬戸さん、この「往復書簡」をそのまま原稿にしてみませんか？

瀬戸　え？

森　実は最初から多少もくろんでいました。

瀬戸　あっはっはっは……。まいった！　では、「判断のお任せ」転送、そのままでも、まとめても、味付けもまかせていいですか？　たぶん引き受けてくれるでしょう、ね！

これまたすっかり忘れていたのだが、池田宛に送られたこの二人のやりとりを読み、再度私は原稿依頼をしたらしい。普段そういうことはしないのに、なぜかそのときは彼女へ宛てた手紙をコピーし、本づくり資料としてファイルに入れていた。

――「仕事は、人がひとを変える」という教訓を、私は瀬戸さんから教えてもらいました。昨年『イカイノ物語』福岡公演の宣伝、広報のため、まる一日福岡のあちこちを歩いたときのこと。朝日新聞社では飛び込みで訪ねたため、きちんと取材されず簡略的な対応に、「まあ仕方がないか。こちらは〝お願い〟する身なのだから」と内心思っていたところ、ずっと横で黙っておられた瀬戸さんが一喝しましたよね。

「隣におる人のことを無視したらいかんとよ！」

その迫力に押された若い記者は「ちょっとお待ちください」と言って上の人を呼びに行き、代わって見えた記者は丁寧に取材してくれた上に、「そんな良いお芝居ならたくさんの人に見ていただきたいですね。宣伝のためこちらも協力してテレビ番組のテロップにも流してもらいますよ」と嬉しい言葉を返してくれました。覚えていらっしゃいますか？

そのとき私は、マルセ太郎やマルセカンパニーではない、まさしく瀬戸芳子という「人」が記者である「ひと」を突き動かしたのだと感動したのです。

「九州の肝っ玉母さん」と父が呼んでいたことを改めて感じ入りました。第一印象は、「肝っ玉」と呼ぶにふさわしい大柄な女性を想像していただけに、小柄でなんとかわいらしい人だろうだったので、余計に秘めたる力に尊敬の念を抱きました。――

『イカイノ物語』の再演は二〇〇一年四月、東京を皮切りに全国公演を展開することが決まっていたが、マルセ急死により、いくつかはキャンセルになってしまった。独演会とは異なり、芝居は所帯が大きい。出演者・スタッフの交通費、宿泊費だけでもどーんと予算が増える。マルセ太郎本人が出演しないのであれば集客は難しいと断念せざるを得ない団体が出るのも無理はない。

そんななか、マルセカンパニーにとって初の九州上陸、福岡公演が実現したのは、瀬戸の存在があったからにほかならない。

予定通り公演を主催しようと腹を括《くく》ったとき、彼女は妊娠四か月だった。口にしたら「止められてしまうから」と実行委員の誰にも知らせなかったという。

初めて会った日、少し大きくなったお腹で一日とびまわっていたが、それがどれだけ大変なことだったか。当時は気づかずにいた私も出産を経験したいま実感する。

そして、見せてもらったチラシに、彼女の細やかな配慮を感じた。

予約・当日、一般・学生のほかにもう一つ割引の項目があった。「ハルモニ」券である。韓流ブーム到来前の、「アンニョンハセヨ」が隣の国の挨拶だと知る人はごく一部だったころに記された四文字。「何だろう?」と関心を持ってもらいたかったので、「おばあさん」券や「シルバー」券とはしなかったのだという。

その瀬戸が自分の代わりにと託した森について紹介すると、彼は伊万里で暮らす前は沖永良部島《おきのえらぶじま》(鹿児島県奄美群島のひとつ)に住んでいた。そして、島でのマルセ太郎『泥の河』公演を実現させた。

簡単に書いたが、簡単なことではない。私自身、同じ奄美群島の、加計呂麻島《かけろまじま》という人口千人ほどの小さな島に娘と三年間暮らした経験から、それがどのくらい大変で、意義あることかと想像できる。

彼は伊万里でも瀬戸のような企画をと考えていた。その矢先にマルセが旅立ち、歯車が狂ってしまったと、このメールのやりとりで呟いている。

そんな二人であるからこそ、このやりとりだけでは見えてこない、なぜ書けないのか、書かないのかを書いて欲しいとしつこくも私は問うてみた。

それに対して、再びペンをとった瀬戸の返事は、やはり書けない、というものだった。

死ぬまでに書くことができれば、そこに自分のマルセ太郎を伝えることができるかもしれないけれど、と。

瀬戸は、マルセが常に挑戦していたこと――時代を切りとり、観客を通して時代に立ち向かっていた――に触発され、自分もまたそんなマルセに挑戦していたように思うと振り返っている。マルセ太郎公演を主催する中で、時代に、観客に、マルセに、そして自分自身に。

「マルセさんは『早く早く、もっともっと』って思っていたろうに。やっと九州の客もそんなマルセさんの思いに追いついて、これからってときだったのに……」

マルセ亡き『イカイノ物語』を成功に導いたあと、次なる挑戦を見失った彼女の虚無感が痛いほど伝わってきた。


私の、現在十八歳になる娘、つまりマルセの孫に、この発見された「往復書簡」の原稿と経緯を伝えると、やっと何となくわかった、という。彼女は文忌に何度か参加し、映像ではあるがマルセ芸に触れている。だが、どうしてそこまで皆がマルセに入れ込むのか、「中毒」症状に陥るほど「夢中になる」、はたまた「多大な影響を受ける」とはどういうことなのだろうと、そこが腑に落ちていなかったのだと。

「他の人たちの文章からも、それぞれのマルセ太郎への思いは伝わってくるけれど、(彼らのやりとりが入ることで)さらに立体的になる感じがする」

この稿をどうまとめたものか……と思いあぐねながら、形にすることができたのは、彼女の意見によるところが大きい。

コラム6

文忌その五　マルセ太郎のことばを受け継ぐ

金竜介

父マルセ太郎は、生前に多くの言葉を残してきた。社会のこと、芸のこと、人生のこと、家族のこと、自分の出自、人間が生きるということについて語ってきた。

マルセ太郎が言葉にした思いを伝えたい。

記憶は弱者にあり

父はこの言葉を好んで使った。

強者と弱者──虐げる者と虐げられる者といってもよいだろう。他者を虐げる者は自己の行為を覚えてはいない、虐げられた者にこそ記憶は残るということだ。憲法学者の森正氏との対談本の書名にも使われた。

ここで「記憶」というのは、過去を思い出せないという意味だけではない。そもそも強者は、事実を心に残すことはないのだ。同じ社会に生きながら、目の前で起きていることの意味を理解できず、それゆえに「忘れる」という以前に何も記憶することがないのである。それが「記憶は弱者にあり」ということであり、言い換えれば、〈強者は記憶しない〉ということだ。

これは、侵略戦争、差別、性犯罪という場面で最も顕著となる。日本のアジア侵略についてのマルセ太郎と学生との会話がある。

学　生「勝手な戦争だったといいますが、日本はそんなに悪いことばかりやったのですか。マルセさんみたいになんでもかんでも悪い悪いというのはどうでしょう」

マルセ「じゃ、良いことを教えてください」

学　生「私は知らないけれどあるんじゃないですか」

マルセ「朝鮮に鉄道ができたことは日本軍のおかげとかそういうこと？」

学　生「はいそうです」

マルセ「お前さんには想像力がない。無知だ知識がないなどと言われるのはまだ我慢ができるはず。想像力がないと言われるのは、どういうことか知っている？　アホということ。どっかの外国の軍隊がせめてきて、新幹線を作ってくれた。それがありがたいことか！」

マルセ太郎のいうことが正論であると思うのだが、昨今の社会状況を見ると心もとなくなる。まさに強者は記憶せず、「記憶は弱者にあり」だ。

この言葉は父のオリジナルの言葉ではないが、この言葉をマルセ太郎のものとして受け継いだ人は多くいる。

二〇一六年に開催された済州島四・三事件六十八周年記念集会では、サブタイトルが「語らいと歌の夕べ〜記憶は弱者に残る〜」とされた。登壇者の辛淑玉さんが「在日朝鮮人の先輩マルセ太郎の思いが込められた言葉である」と紹介し、虐げられてきた人々の思いを語った。

「記憶は弱者にあり」は、マルセ太郎の生き方の根本を示す言葉だ。

日本には保守も革新もない。あるのは本物か偽物かだけだ

マルセ太郎は、革新といわれながらも実質が伴わない人間には厳しかった。それは野党の政治家に対してもそうであったし、多くの市民活動家にも向けられた。ある市民集会で「うちの息子が小林よしのりの本を心酔して読んで困っている」と述べた人に返した言葉がある。

「あなたが偽物なんだよ。そんなこと言ってる場合じゃないよ。あなた、外では勇ましいこと言ってても、家の中ではまるでダメなんじゃないの」

こんなところにいないで家に帰って子どもと話せと言い放ったのだ。

「うちの子どもが麻薬で捕まったとする。マルセの息子は悪い奴との批判は甘んじて受けます。だけどぼくの子どもたちがね。『東条英機は立派であって、あれは侵略戦争じゃなかったんだ』いう主張に加担した

ら、マルセ太郎は偽物だということですよ」

日本の侵略戦争を肯定するような映画に出演した俳優にも厳しかった。

「生活のためにやむをえずそういう作品に出演することは、無名の俳優なら仕方がないと思うが、有名で経済的にも安定している俳優が、嘘っぱちの戦争映画に出るのを、僕は尊敬しない」

若いころから左翼として活動してきたと自称するベテランが、後年になって大きい方になびく姿を何度も見て来たし、あるいは、憲法九条を守ろうといいながら人種差別や性犯罪の分野では、強者の論理から抜け出ない者が大勢いるのも私は目の当たりにしている。

私はそういう人間に会うたびに「日本にいるのは本物か偽物だけだ」という言葉を思い出す。

どの位置に立って批判しているんだ

マルセ太郎は、全国各地の舞台に呼ばれ、主催者の中には、憲法や人権の市民団体も多かった。

ときには気に障る人物に出会ったり、不愉快な目にあったことも少なくなかったらしく、そんなときは家に帰ってからもその団体や人物を批判することが常であった。ただ、公には、市民運動を攻撃する方には決して回らなかった。

「ビートたけしあたりが、『市民運動のおばちゃん』などという言葉を使って人権を守るために闘っている人たちを揶揄することがある。自分は多くの活動を知っている、市民運動をやる側のセンスの古さ、頭の固さ、狭い語りにうんざりすることもある、だから俺は運動する側の弱点はいくらでも並べることができる。それをどの位置に立って批判するかということだ」ということを常に言っていた。

〈若いときは俺も左翼だったからよく知ってる〉などと言って、真摯な運動をやっつける側に立って発言をする人間が多い。そのような者をマルセ太郎は心から軽蔑していた。

俺は女性にもてる

地方公演から帰ってきた父は、旅先で何があったかを詳細に子どもたちに語ることを常とした。会場の内外で出会った人たちのことをセリフや仕草の一つ一つを再現して報告するのだ。

いつも強調していたのは、公演の地で自分がいかに女性にもてたかということだ。

マルセ太郎を公演に呼ぼうとする主催者、観客として訪れる女性たちは、多かれ少なかれ何かと闘っていた。都会ではなく地方であれば、なおさらだと思う。そういう女性たちにもてるということが、何よりも嬉しかったのであろう。

もちろん男性でも闘っているマルセファンは大勢いたし、各地で魅力的な生き方をしている男性の話も家ではたくさん聞いたことがある。しかし、そういう話をするときよりも女性にもてたという自慢話をするときの方が明らかに嬉しそうであった。

私もやはり女性にもてたいと思うし、闘う女性に認められたときには大きな喜びを感じる。

ちなみに、私の誇りは、辛淑玉さんからもらった「金竜介は朝鮮人には珍しく女性を差別しない男」という評価だ。これは父に自慢してもよいだろう。

街角で警察官と市民が争っていたら何も考えずおまわりを殴れ

この言葉は冤罪被害に取り組むある市民団体の集会で大うけしたらしい。

「それお巡りさんが泥棒を捕まえようとしてるんじゃないの」と子どもの私は父にいったが、そんなことは意に介す必要はないというのだ。

私が子どもの頃に朝日新聞の記事を読んだ父が怒っていたことを今でも覚えている。社会面に大きく載っていたその内容は、街で通行人に職務質問したところ、薬物が所持品から出てきたために現行犯逮捕したというものであった。二人の制服警官が笑顔で並んで「警察官、お手柄」という見出しだった。

父は何度も職務質問された経験があると説明してくれた。

新宿で二人の警察官に止められ、駅内の交番に連れていかれようとしたときに通行人に助けを求め、証人になって欲しいと呼びかけたが、誰も足を止める者はいなかった。交番に連れていかれると鞄の中を全部机に出され、靴や靴下まで脱がされたというのである。

当然に何も出るはずがない。調べを終わった警察官は、相手の職業が芸人だと聞き「このことをマスコミに言うか」と問うたそうだ。父が当然にその気だと答えるとその警察官は「でも私たちが何をやったかなんて、なにも証拠はないだろ」と言い放ったという。つまり問題とされたときは、真実を証言することなど全く考えていないということだ。

そういう経験も積み重なってか、父が子どもたちに伝えた言葉がある。

「将来、大人になって泥棒になってもいいから警察官にだけは絶対になるな」

そのような教育をしていた父だが、常に毅然とする姿勢を貫くことばかりを教えてきたわけではない。例えば自転車の無灯火などで警察官に呼び止められるようなことがあったときには、「通名（日本名）を名乗れよ、それくらいの知恵はお前にもあるだろ」といわれたこともあった。本意ではないが、朝鮮人として社会に生きていくために必要な手段を子どもに伝えたかったのである。

もっとも成長するにつれ、この点は私は父の教えには従わず、本名の朝鮮名を警察官に名乗ることがしばしばあり、時に「お前、密入国だろ」と言われたこともある。

父の教えと自己の経験が、私という人間を作り、後に弁護士の道を選ぶことになったのは間違いない。

思想のない笑いは見たくない

松元ヒロさんが父から言われた言葉であり、ヒロさんは、機会あるたびにこのことばを引用する。

芸についてのマルセ太郎の言葉は多く残されている。

「氷山の一角という。底に沈んでいる部分を感じさせないパロディは、安直な粗製品でしかない」

「『芸術性なんてどうでもいい。面白けりゃいいんだ』というのに限って、ちっとも面白くない」

「笑いには質があり、レベルがある。レベルが低い笑いとは、ひとの特長、失敗、欠点、仕草などを茶化す。アイヌの神聖な儀式、イオマンテを茶化すなんて」

わかりやすく言い換えれば、深みがあるか否かということであろうが、笑いの本質もやはり本物か偽物かにかかっているということを指摘したかったのであろう。

父が低く見ていたのは、政治風刺だといいながら、上っ面だけで政治家を滑稽なネタにして全く本質的な批判になっていない芸人たちだ。そういう連中に限って、総理大臣に呼ばれると喜んで出かけていくんだと蔑んでいたものだ。

〈右も左も笑いとばす〉といった類のお笑い芸人をこれまでいくつも見てきたが、面白いと思ったことは私は一度もない。

僕自身の少年時代を話すに当たってははっきりしておかなければならないこともある。僕は、いわゆる在日朝鮮人二世である。父母は朝鮮済州島の出身で、大阪生野の猪飼野に世帯を持ち、そこで僕や弟妹が生まれた。

父が親しい人以外に公に在日朝鮮人であることを明らかにしたのは、著作『芸人魂』が初めてであった。

父の出身校である高津高校の一学年後輩の野田泰弘氏が書いた文章がある。社会人となってから偶然に東京でマルセ太郎を見かけたときのことだ。マルセ太郎が高校では本名の金均浲を名乗っていたため、野田氏はその名前で呼びかけた。

「ある日、付近を仲間と連れ立って歩いていた金さんを見つけた。『ヤア、金さん』と何げなく呼び掛けたところ、金さんの顔色が変って、手を横に振り、そのまま立ち去っていった。鈍感な私であったが、本名を仲間に知られたくない、という気配は即座に判断した。このシーンは、突きささった刺《とげ》のように、長く私に残った」

後年のマルセ太郎を知っている人たちは、どう思うだろうか。なんて卑屈なと感じる人もいるだろうか。

残念ながらというべきか、私にはこのときの父の反応が百パーセント理解できてしまうのである。

一九九九年に演劇『イカイノ物語』を世に送り出し、朝鮮人一家の物語を描いたマルセ太郎であるが、在日朝鮮人について客観的に公に語った言葉は多くはない。
韓国・朝鮮については、いろんな思いがあったのであろう。在日朝鮮人であることを意識して話しかけてくる者に対しては、拒否反応を示し、ときに怒りを露《あらわ》にすることもあった。北朝鮮（朝鮮民主主義人民共和国）について日本人の知人が話題にしたときに、「俺たちがあの国をどう見ているのかわかっているのか！」と喧嘩したこと、「マルセさんもナヌムの家にいっしょに行きましょうよ」と何度もいい、ナヌムの家のハルモニが、ハルモニがと繰り返す若者に怒鳴り返したことを話してくれたのをよく覚えている。

「この十年間、退屈した日は一日もない。だから俺が死んでも泣く必要はない」

「人生が充実していると死は受け入れられるようになる」

「平均寿命というのは、人をモノとしてとらえたときの統計の数字だろ。それを超えたの超えないのって、あまりに想像力がないじゃないか」

肝臓がんの手術を受けた後、父がいつも言っていたことがある。
もし余命一年と言われたら、仕事はやめる。最初の半年は、これまで出会った人たちに会うために全国を廻る、あとの半年は家族と過ごし、そこに親しい人たちが来て好きな話をすることに残された時間を使うというのだ。
入院中の急変で最期を迎えたためその思いはかなわなかった。
マルセ太郎が遺した言葉を多くの人といっしょに私も継承していきたい。

参考資料
『芸人魂』マルセ太郎著（講談社）
『マルセ太郎記憶は弱者にあり』森正編著（明石書店）
高津高校5期生のホームページ　野田泰弘「マルセ太郎のこと」

生前最後の舞台公演チラシ　シアターχ

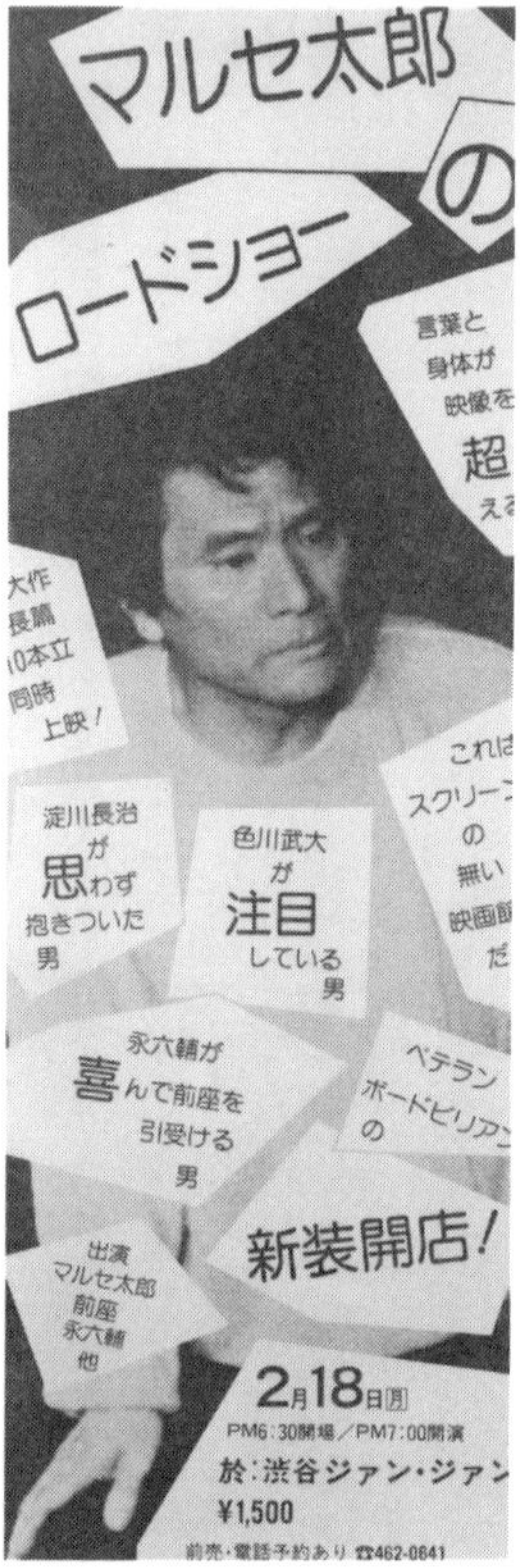

スクリーンのない映画館
初演チラシ　渋谷ジァン・ジァン

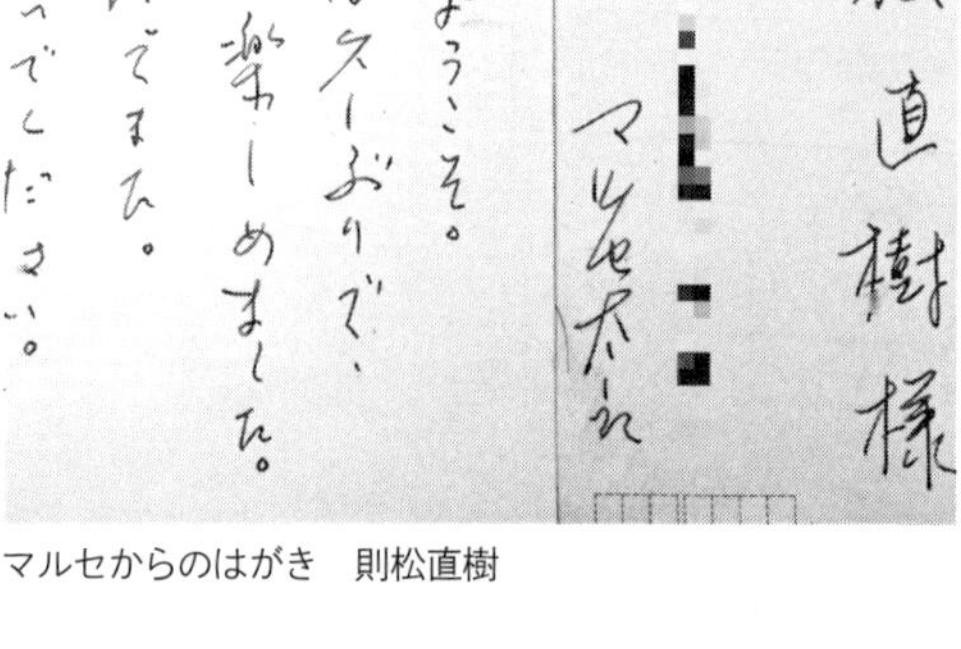

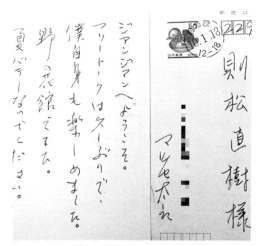

マルセからのはがき　則松直樹

岐阜　Be 動詞の噴水　藤井光政

岡山　公演チラシ　日髙奉文

神戸　連続公演 色紙　　中島淳

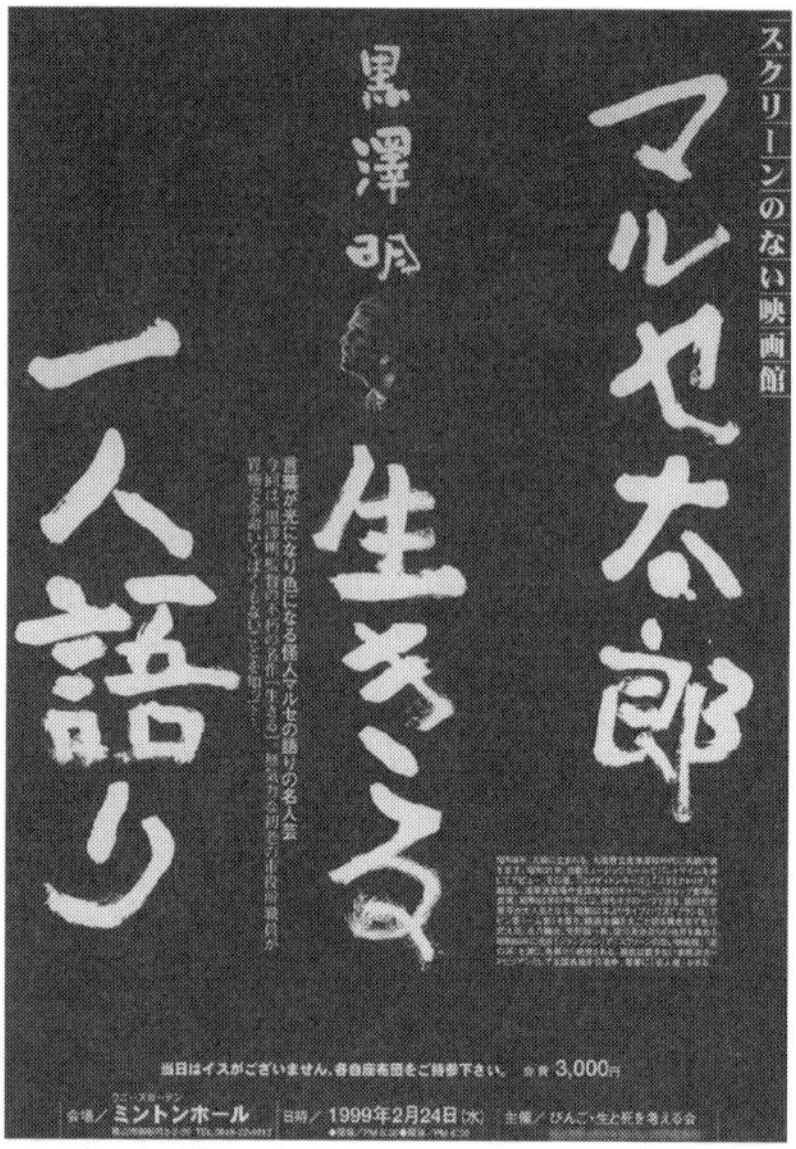

福山　公演チラシ　数野博

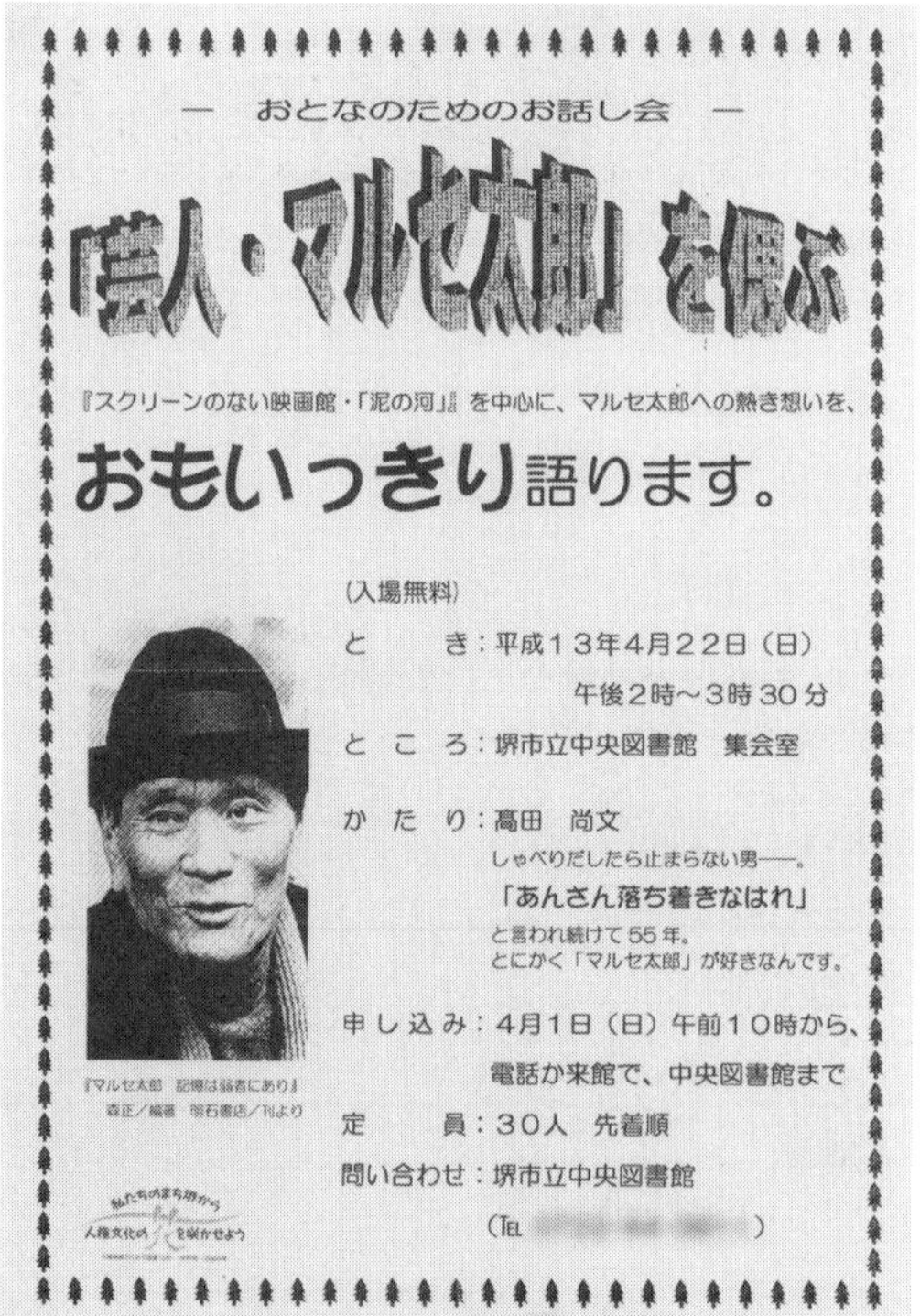

大阪　マルセ追悼講演チラシ　高田尚文

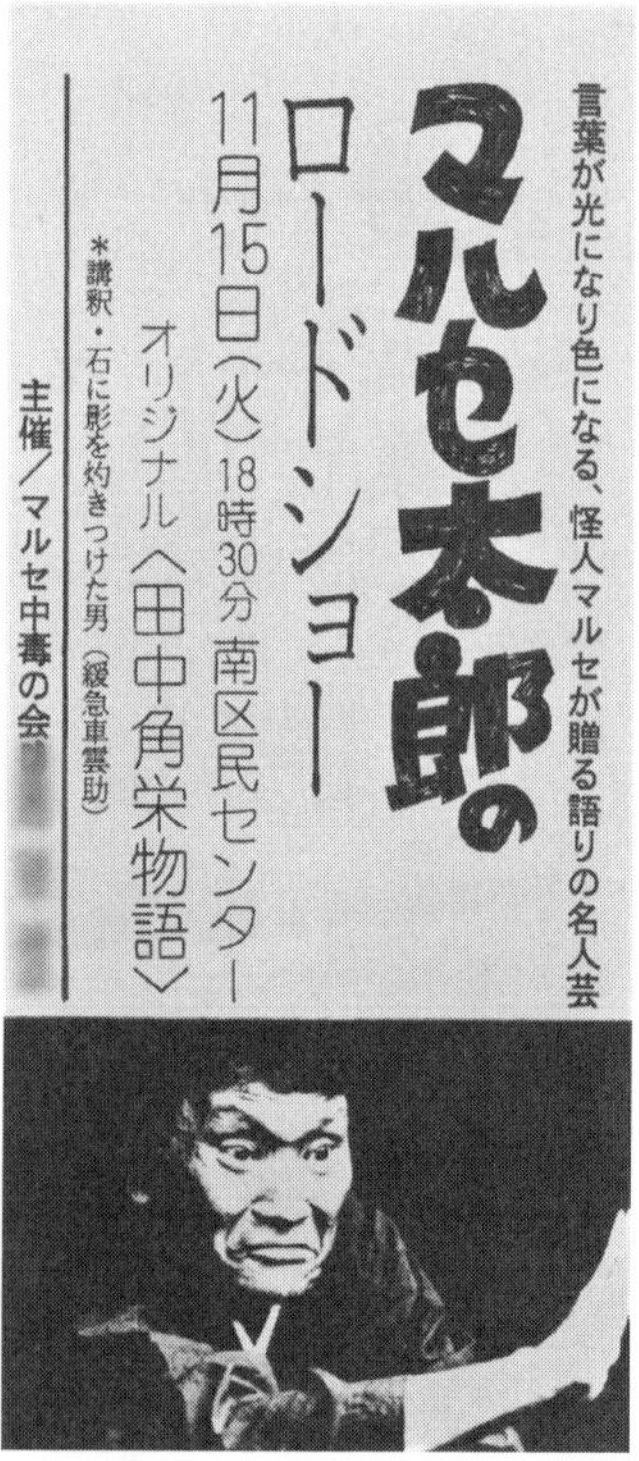

広島　公演チケット　池田正彦

マルセ太郎（まるせ・たろう）プロフィール

1933年、大阪に生まれる。在日朝鮮人二世。（金均浄《キムキュンボン》・金原正周《きんばらまさのり》）

1952年、新劇俳優を志し上京するも、俳優座養成所の試験に落ち、帰阪。

1954年、再び上京。日雇い労働をしながら演劇を学ぶが7つの劇団研究生試験に失敗。そんななか、マルセル・マルソーの記録映画や来日公演の舞台を見てパントマイムに興味を持ち、見よう見まねで受けた日劇ミュージックホールのオーディションに合格。1957年、同劇場のレビューショーに出演、パントマイムでデビューを果たす。契約した芸能プロダクションから付けられた芸名は、マルセル・マルソーにちなんだマルセル・タローだった（のちに丸瀬太郎、マルセ太郎へと改名）。

その後「コメディドンキース」や「スタミナトリオ」を結成し、浅草の演芸場や各地のキャバレー、ストリップ劇場などにコントで出演。トリオ解散後はピン芸（ひとり芸）の漫談家として活動。デタラメ外国語や世界の踊りの比較、動物の形態模写のネタを得意とした。特にサルの形態模写はその迫真の演技で圧倒、1980年の申年にテレビに引っ張りだことなるが、翌年の酉年には鶏のネタでお呼びがかかることはなく、当時のお笑いブームには乗れずフェイドアウト。

中、高、大学生の3人の子を抱え、夫婦で経営していた小さなスナックで糊口を凌ぐなか、芸人としての活動場所は、中野富士見町にある「plan-B」のみになる。あるときネタに尽き、映画『泥の河』について語った回に客として来ていた永六輔が目を留める。

1985年、永のプロデュースにより、一本の映画を最初から最後まで語り尽くす映画再現芸を開拓し、上演。その後レパートリーは20本近くに及んだ。

そして映画以外にも実在の人物を語る立体講談シリーズなど、話芸の領域を広げていく。

また、1993年、『黄昏に踊る』を書下ろし、自ら演出・出演。その後、喜劇作品を次々と発表（新作8本、再演含み12本）。

1995年、肝臓がんの手術を受ける。たび重なる再発により入退院を続けながらその後も全国各地を回り、精力的な公演活動を続け、全国に「マルセ中毒患者」と称する熱烈なファンを多数持つに至る。

「あにきぃ、貧乏したかいあるなー。あにきは人生の後半がええからええわー」と4つ年下の実弟がつぶやいた通り、死の2週間前まで舞台に立ち、もはや金均浄や金原正周ではなく、芸人マルセ太郎としての生を燃焼していった。

「死は散文的に訪れるものよ」

最後の劇作『春雷』の台詞《セリフ》を実感する別れであった。

2001年1月22日永眠。

あとがき

理想をバカにしてはいけない。バカにすれば必ずしっぺ返しを食らう。

そうマルセは常々言っていた。

昨年二〇二二年の夏、手元にあった住所録やメールアドレスを頼りに、実に二十年振りに寄稿者へ連絡をとった。宛先不明で返送されてきたものもあったが、共通の知人に尋ねたり、ＳＮＳで探し当てたりした。

二十年前もいまも、理想をバカにするような人は一人もいなかった。

昔観た映画に、「他人《ひと》のことを知りたかったら、どんな夢を見ているか聞くといい」というセリフがあった。セールスマンの父親が物を売る極意として放った言葉だが、息子である主人公には、父亡きあと、残された家族を養う重圧に押しつぶされそうになりながら、自分自身を見失わぬための遺言として響くことになる。自分が本来の自分であるために、どんなことを夢見ているのかを知ること。そして、あきらめずに、歩みをとめずに、向かっているのだろうかと問うこと。

このセリフを、「他人《ひと》のことを知りたかったら、どんなものが好きか聞くといい」と言い換えてみたい。

本書には、マルセ太郎の何がどう好きなのか、五十名からの回答が寄せられている。一人ひとりの人となりを、〝顔〟と〝声〟を立ち上がらせながら。本書の副題を、マルセ太郎に〝魅せられた〟人たちではなく、〝魅入られた〟としたのはそのためだ。

記憶も薄れていた自身の文章を読み返す。懐かしむ。気恥ずかしくなる。意外にきちんと書けていたと安堵する。それぞれが二十年前の自分自身、そしてマルセと対峙されているように思えた。

すでに他界された二村文人、渡辺英明、船戸咲子、尾崎博己、渡辺均二、各氏のご遺族にも掲載を快諾いただき、感謝している。また、昨年秋に「まだ当分は死にませんので、太郎さんの追悼本の完成を楽しみにしております」との返信があった、桜井昌司氏の訃報が編集作業中に入った。刊行が間に合わなかったことを残念に思う。

慣れぬ編集作業はゴールがなかなか見えず、何度も立ち止まってしまったが、刊行委員の力を借りてどうにか形にすることができた。

マルセ太郎が逝ったあとの日本社会の二十年は、理想が失われた二十年でもあったように思う。そうだとするなら、生きていれば九十歳になるマルセが追い求めた理想の笑いを、いま一度思い起こし探ってみることにも意味があるだろう。

マルセ太郎に魅入られ呼応した人たちの証言から、その語り芸や芝居、哲学、素顔、死生観、表現方法に触れ、何を感じとってもらえるだろうか。

本書が理想の復権の一助となることを願い、二十年を経て刊行される意義を見出していただけたら、これほど嬉しいことはない。

梨花

[梨花（りか）プロフィール]

マルセ太郎の娘。マルセカンパニーの芝居、『花咲く家の物語』『役者のしごと』『北の宿にハトが泣く』『イカイノ物語』に出演。20代の頃、世界17か国を放浪。そのときの体験をもとにしたトークライブを皮切りに、日常のあれこれを「動くエッセイ」として、笑いを交え、舞台で物語るようになる。以降、韓国への短期語学留学や介護のしごと、子育て、島暮らしなどを通して、「真実が一番おもしろい」（マルセ語録）を体感し、ときおり発信している。

● 協力　神戸芝居カーニバル実行委員会
池田正彦

● 表紙・章扉写真　角田武

マルセを生きる！
――芸人マルセ太郎に魅入られた人たち

2023年12月20日　初版発行

編　者●©梨花／「マルセを生きる！」刊行委員会
発行者●田島英二　taji@creates-k.co.jp
発行所●株式会社 クリエイツかもがわ
〒601-8382 京都市南区吉祥院石原上川原町 21
電話 075(661)5741　FAX 075(693)6605
https://www.creates-k.co.jp
郵便振替　00990-7-150584

装丁・デザイン●佐藤　匠
印刷所●モリモト印刷株式会社

ISBN978-4-86342-358-9 C0036　printed in japan

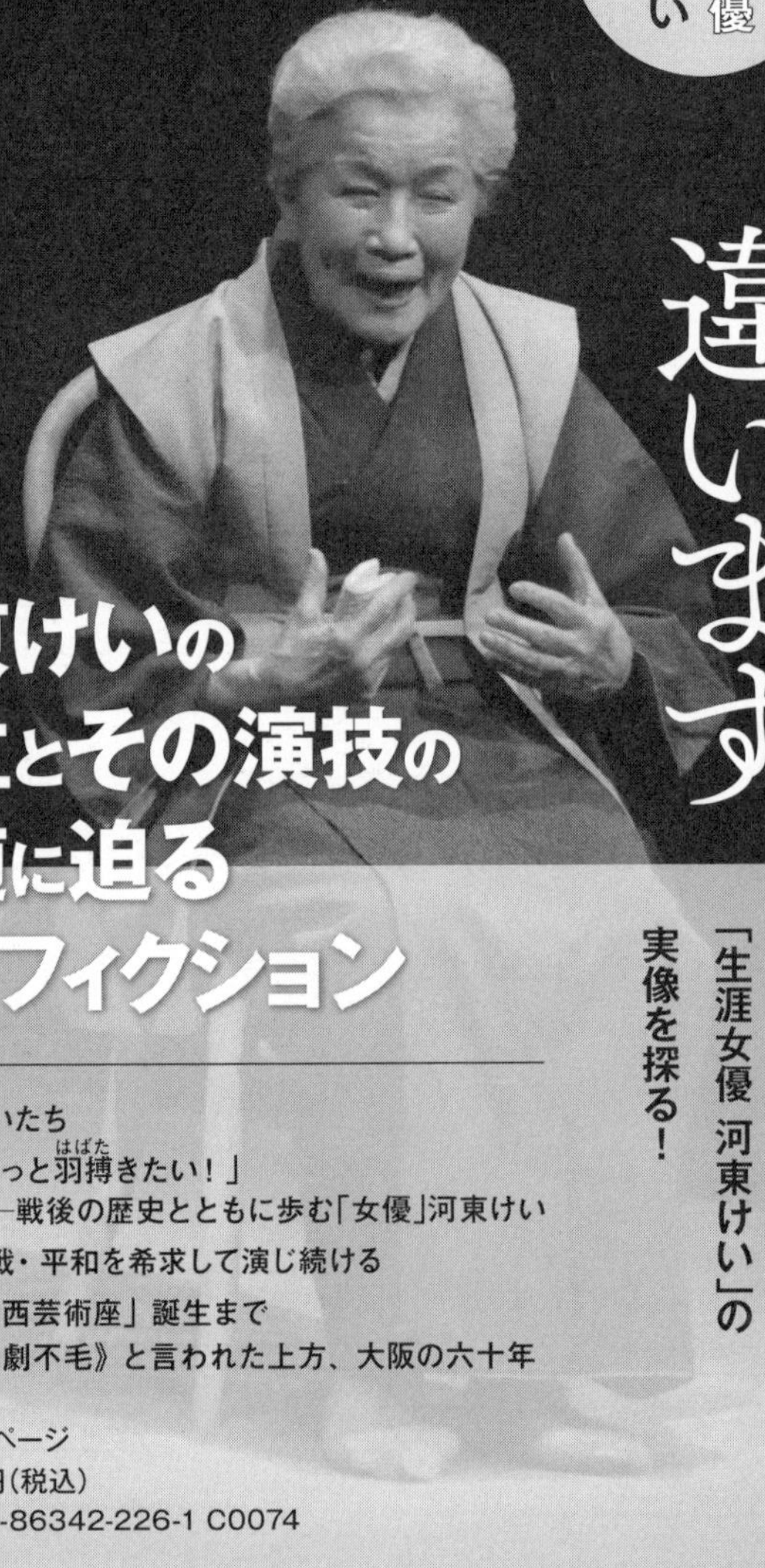